インクルーシブ神学への道

開かれた教会のために

鈴木文治
Suzuki Humiharu

新教出版社

目次

目　次

第二部　苦難の中の人間

目　次

序章

私は悩む、それゆえに私はある。これはデカルトの「我思う、故に我あり」よりも正確でありまた深い。悩みは人格そのものの実存とまた人格意識の実存と結びついている。

これはロシアの宗教哲学者N・ベルジャーエフの言葉である。私は学生時代に多くの哲学や宗教に関する本を読んだが、一時期ベルジャーエフにのめりこんだことがある。日本語で翻訳されているものだけでは飽き足らず、丸善から英語版を取り寄せたこともあり、毎日の通学や通勤には必ず持ち歩いて、本の装丁が崩れたものもあったほどだ。

私の学生時代は学園紛争の最中にあり、全共闘世代と言われた。ベトナム反戦や社会秩序への反抗が根底にあり、若者たちの多くが社会のあり方を模索し、同時に生き方を根本から問い直すことが求められる時代であった。私の入学した大学では、授業料の値上げ反対の学生デモによって授業放棄が行われて、入学式も卒業式もなく、1、2年次はほとんど大学で授業を受けることができなかった。

私は学生デモに身を投ずることもなく、いわばノンポリとして全共闘には背を向けて、ひたすら自己に沈潜する生活を送った。弁護士になろうとする初志はいつしか消え果て、哲学と宗教が最大の関心事となっていった。

社会全体に漠然とした不安が漂い、不安定な時代と呼ばれ、社会の曲がり角にあるという終末的危機意識や時代感覚のせいか、世の中は実存主義ブームであった。ニーチェ、キルケゴール、サルトル、ハイデッガー、ヤスパースといった著名な哲学者の本が本屋の店頭に並べられていた。私も、意味が読み取れないところが多くあったにもかかわらず、そのような哲学書を読みあさった。友人が私の下宿の本箱を見て、とても法律家をめざす学生ではないと言ったものだ。

当時、実存主義を解説した本に、松浪信三郎の『実存主義』があった。岩波新書として登場したこの本は異例の出版部数であったという。私の愛読書の一つとなった本書には、実存主義とは何かが明確に書かれている。「実存は本質に先立つ」や「主体性の真理」「人間個々の独自のあり方」などの言葉は、社会秩序への大きな揺さぶりにあった当時の人々に大きな影響を与えた。

中でもサルトルの実存主義は、多くの若者の生き方への指標となった。一度しか生きられない人間にとって、社会の歯車の一つになるのではなく、全存在をかけて主体的に生きることをサルトルから学んだ。

「人間は自由であり、つねに自分自身の選択によって行動すべきものである」。

この言葉は社会や組織の中で生きる前のモラトリアム時代である学生にとっては、個人としての生き方の大切さを教えてくれた。

よく知られた例として、第二次大戦中、軍隊に入ってドイツ軍と戦うべきか、あるいは一人残された母親と一緒に生活すべきかの二者択一の決断に迫られてサルトルのもとに相談に来た学生に対して、「自分自身で選びたまえ」と突き放すことがあった。そうか、決断するのは自分なのだ。誰の判断や意見でもなく、事柄を決めるのは自分自身なのだ。そう納得した私は、実存主義がどれほど素晴らしいものかを疑うこともなかった。私たちの世代の多くの者が「実存主義の申し子」になっていた。

私はこの哲学からベルジャーエフやキルケゴールと出会い、実存主義の洗礼を受けるに至り、実存主義哲学を心底崇めるようになっていた。それらの哲学を通してキリスト教会に通うようになり、信仰者として生きるようになり、さらに教会の伝道師になって現在に至っている。実存主義が私の人生に大きな足跡を残している。

だが、長く苦しみ悩む人々の中で生きる人生を送ってきて、この実存主義哲学には多くの課題があることに気がついてきた。それは、実存主義が一部のエリートの人々の間にしか通用しないものではないかということ、また徹底した個人主義の中で連帯して生きること、支え合って生きる人間像とは無縁であると思うようになっていった。そしてそれが現在のキリスト教界の根底を作ったものではないかと考えるようになった。人は一人で神に対峙するべきであるという考え方が、個人主義的なキリスト教の世界を作り上げ、それは苦しむ人々と共に生きる教会から遠く離れた、社会的富裕層の、言ってみればこの世のエリートの宗教になっていく要因になったのではないかと思う。信仰の「我ら性」を失い、国民的宗教にならなかった最大の理由ではないかと考えるようになった。

私の神学校の卒業論文のテーマは、「神義論の一考察――N・ベルジャーエフの'Ungrund'とK・バルトの'Das Nichtige'をめぐって」であった。学生時代に夢中になったベルジャーエフの哲学とその後学び始めたバルトの弁証法神学との対比の中で、神義論をテーマに両者の思惟の違いを明らかにするというものであった。40年前に書いたこの論文は、コンパクトに手直しして本書の第5章に掲載している。それは当時の観念的な神義論のテーマをずっと持ち続けた私の、いわば実人生を生きてきた結論でもある。

神学生の私は、実存主義の影響を引きずりながら、バルトの『教会教義学』によって、神学への道を歩み出したところであった。当時の私は川崎南部にある桜本教会に通っていたが、そこで出会う人々の多くが、様々な苦悩を抱える人たちであった。それも半端な苦しみではない。

そこには、いわれなき差別を受ける在日朝鮮人の人たち、重い障害に苦しむ人たち、人生に絶望して教会にやってくるホームレスや精神障害のある人たち、貧しい生活の中で学校にも家庭にも居場所のない子どもたち。苦悩の淵にいる多くの人たちがいた。

ベルジャーエフの宗教哲学の根底には、この世の悪をどう理解するかという「神義論」が置かれている。彼の哲学と学び始めたバルト神学との対比は、自ずから神義論が主題となっていった。当時はバルトの『教会教義学』の創造論は翻訳が出ておらず、O・ヴェーバーの『教会教義学概論』を読みながら、該当個所を探り当てて辞書を片手に苦労して訳したものだった。

卒業論文は180枚になったが、論理の整理に追われて、この世にある悪に苦しむ現実的な人々の答えになるものではなかった。いや、もともと神義論そのものが、論議可能なものではなく、この世の悪を人間の思いで理解すること自体が不可能とされるものであるために、論理的思考で論文を書くことが身近な人々の苦しみに向き合うものにはならず、大学の教授たちにはある程度評価されたものの、私のうちにはやり遂げた感は薄かった。

その後、私は教会や学校で苦しむ人々や子どもたちに多く出会い、神義論の意味するものを問い続けて生きてきた。大学の机上の研究テーマではなく、傷つきもがきながら生きている人たちの中で生きることは、彼らの発する「神よ、どこにいるのですか」、「神よ、なぜ私なのですか」の問いを一緒に聞くことであった。

苦しむ人々との共生を試みるインクルーシブ（inclusive）教会の中で、また障害のある子どもたちの教室の中で、「神よ、お答えください」の叫びを、私自身が何度上げたことであろう。

3・11東日本大震災は、キリスト教に新たな神義論を巻き起こした。そしてその前後しての国際社会の民族、宗派対立や厳しい経済状態によって、戦争や紛争、大事故、大災害が立て続けに起こり、多くの人命が失われて、自然の脅威、人間の憎しみ、絶望が一気に表面化してきている。この時代が新たな段階に入っていると言えるだろう。大震災を契機に終末論的な状況に陥った私たちは、なお神に問い続ける。

「神よ、いつまでなのですか」、「神よどうしてなのですか」と。

3・11以後、神義論に関わる本の出版が相次いだ。だが、そのどれもが神義論は回答のないもので議論不可能という結論になっている。人間の知恵で、この世の悪に対する神の沈黙を弁護できるものはないと。だが、私たちはそこでは終わることができない。それは自らや傍らにいる苦しむ人々の叫びを聞き続ける者として、一緒に神の声を聞くことを望んでいるからである。今を生きている私たちは、机上の観念的な問いではなく、張り裂けんばかりの胸の中からの叫びに対する答えを求めているからだ。

多くの震災や戦争、そしてホロコーストの後、神の義を問う試みは意味のあるものではなくなった。「全能で慈愛に満ちた神」が、どうしてこの世の悪を許しておくのか。その問いを誰も説明できないからである。

反精神医学で知られるグラスゴーの精神科医R・D・レインは『わが半生』の中に、ユダヤ教会でマルチン・ブーバーの講演を聴いた場面を記している。

ブーバーは背が低く、ぼさぼさの髪をして長い白髭を顎に生やしていた。さしづめ旧約聖書の預言者の生まれかわりといったところだ。あの夕べの講義の一瞬間を私は今でもはっきり覚えている。

ブーバーは講演台の向こう側に立って、人間の条件だとか、神だとか、アブラハムの契約だとかについて話をしていた。その時急に、前にあった大きな重い聖書を両手でつかみ、できるだけ高く頭の上に持ち上げてから講演台の上に投げつけるように落とし、両腕を一杯に伸ばしたまま、こう絶叫した。「強制収容所でのあの大虐殺が起こってしまった今、この本が何の役に立つというのか！」ブーバーは、神がユダヤ人に対して行ったことに憤慨していたのである。無理もない。

ブーバーはホロコーストによって600万人のユダヤ人が虐殺されたことを、神がなぜ許したのかと神の沈黙を問う。だが、その問いに対する答えを求め続けながらも、彼は信仰から離れることはなかった。なぜなのか。

私たちは、大災害や大虐殺などの到底受け止めることのできない地獄の淵で、その事実を否応なく受け入れるしかない無力感で満たされる。

だが、そこで終わることができないのは、この世に生きてキリストを信じるものにとって、なおそのような悪をどのように理解するのか、その答えを求めているからである。研究室の学者や苦しむ人たちから遠く離れた牧師館の中の聖職者が、神の義には答えはないと言い切るのは、この世でキリストを信じてなお悪によって苦しめられている人々との共生がないからではないか。

第3章でインクルーシブ神学について触れるが、日本のキリスト教が全人口の1パーセントに留まっている現実は、宣教の失敗を意味している。なぜ日本にキリスト教が広がらなかったのか、その理由を、かつて日本基督教団神奈川教区議長は教区だよりの中で次のように記した。それは民衆への宣教の失敗ではなく、家族への宣教の失敗が原因であると。キリスト教における個人主義によって、家族全体で入信するものではなく、家族間・世代間で継承する信仰にはならなかったのだと。日本におけるキリスト教の個人主義はどこに原因があるのか。それは本書のテーマとなっている。だが、民衆への宣教の失敗ではないと、どうして断言できるのだろうか。むしろ、この世で苦しんで生きている人々と共に生きることを拒否してきたが故に、民衆の宗教にはならなかったというべきではないのか。それが私の結論である。

富裕階層の知的な人々の中に留まったキリスト教は、それゆえに貧しく苦しむ人々を教会に迎え入れることをしてこなかった。その結果が民衆の宗教とはならず、また大震災後の神義論でも苦しむ人たちの実態を知らず、観念的な理解に留まるがために、言葉が届いていない。この世の成功者の群れの中では、神義論は本気で考えられるものにはならないのかもしれない。そもそも日本のキリスト教会は苦しむ人々に向かい合ってきたのだろうか。人々の苦しみに共感する心を持ってきたのであろうか。

第一部　インクルーシブ神学への道

第1章　哲学から神学へ

1　若き日の思索

私は高校生になって柔道を始めた。幼少の頃は病弱で、学校を休んだり通院することが多く、長く生きられないのではないかという漠然とした不安を持っていた。小学校時代の通知表には、学期での健康状態のことを教師も母親も中心的に書いていた。特に思い出すのは、小学校では体育の授業が禁止されていて、その時間になると図書館で本を読むようになったことである。病弱は私を読書好きにし、同時に強い劣等感に悩む人間に育てた。中学生になって健康に少し自信が出てくると、身体を動かすことが好きになり、高校に入学したら柔道で身体を鍛えたいと思うようになった。しかし、依然として痩せて貧弱な体格の私を見た高校の柔道部の顧問は、すぐにこう言った。「君は本当に柔道をやるのか」と。

体力や体格には恵まれなかったが、自分でも不思議なほどひたむきに柔道に取り組んだ。それは、当時夢中になって読んだ阿部次郎の「人格主義」の強い影響ではなかったかと思う。阿部次郎は『三太郎の日記』の著者として知られている。かつて一高の三種の神器と呼ばれた阿部次郎と西田幾多郎の『善の研究』、倉田百三の『愛と認識との出発』は、物を考え始めた高校生には荷の重い書物であったが、学級には哲学に目覚めた友人がいて、読書を勧められた。阿部次郎の人格主義は、より高い人格の向上を目指して生きる不断の努力を求めている。人格そのものについてその内容を理解できたわけではないが、貧弱な体格と恵まれない運動神経であったにも関わらず、柔道に邁進したのは、この「不断の努力による人格の向上」という目標が、強く植え付けられたからであろう。同時に、私は、「意思の力」を強く求めた。強い意志が病弱で劣等感に悩む自分を変え、意思の力こそが世の中を変えるものと信じるようになっていた。自分の意思で人生を作り上げることを願った。強い意志は、容易にニーチェに結びついた。

私の高校時代は、既に大学では学園闘争が始まっていて、柔道部の先輩たちは多かれ少なかれその渦中に置かれていた。先輩たちが柔道部の合宿などに来ては、大学や学生運動を熱く語るとき、そこには物の本でしか知りえない世界が垣間見えた。サルトルの実存主義から強く影響を受けた、マルクスを読まない奴など一人もいない、『朝日ジャーナル』を読まなければ会話が成り立たない。当時は学生運動がある一方で、実存主義が多くの若者を虜にした。それは時代の大きな曲がり角であった。自分はそのような時代の波を感じながら、この先どうなるのか、不安と期待の半ばする心境で高校時代を過ごしていた。

私はニーチェの『ツァラツストラかく語りき』を読み、超人に憧れた。ニーチェの超人思想におけるキリスト教は、弱者の宗教として位置づけられ、一方でマルクスからは革命への抵抗勢力であるアヘンとしての宗教という意味合いから、私は全く知らないも同然だったキリスト教を否定的に見るようになっていた。

私が生まれて初めてキリスト教会の礼拝に出席したのは、高校3年生の夏のことであった。きっかけは、文字通り、哲学的なキリスト教批判を確認するためであった。弱者の宗教、アヘンの宗教を実体験するためであった。もう一つの理由はその時には明確にあったわけではないが、かつて母が村に来ていた宣教師から聖書の教えを受けたことがあると聞いたことも原因であろう。母は若い頃は裕福な地主の娘であった。当時、キリスト教の宣教師は村の有力者の家を訪ねては、そこを拠点として宣教するのが常であった。母がキリストの意図が根底にあった。母がキリスト教とどのように出会い、何を学んだかは分からない。だが、私の場合は明確な反キリストの意図が根底にあった。教会には数回通ったが、お寺の持つ雰囲気とは異なり、何か人間くさい宗教という印象を持った。それは、礼拝後に牧師や信者たちが様々な言葉をかけて、教会に取り込もうとする意思が容易に読み取れたからである。もっと放っておいて欲しいというという反発があった。

高校生になってたくさんの本を読むようになり、ある時期は数人の仲間と文芸誌を創ってそこに投稿したこともある。古文が好きで百人一首を始め、多くの和歌を覚え、そらんじることが好きであった私は、和歌を作ることに夢中になった。また、仏教にも強く惹かれていた。

私は病弱だったこともあり、早くから宗教には関心があった。母方の祖母が熱心な禅宗門徒であり、病弱な私を連れてお寺参りをしたことも影響している。何度も経験する法事や法話は、私の心に「居心地の良い場所」という思いを強く抱かせた。中学2年生の「将来の夢」という作文の授業で、お寺の坊さんと書いた。大自然の中で、仏に包まれて生きたいと本気で考えていたのだ。おそらく根底には死の予感があったのかもしれない。小児結核を患い、痩せた身体では長くは生きられないという予感が子供心にも芽生えていた。担任は私の作文を皆の前で紹介し、「そうか、お前は坊さんになりたいのか」と言って笑った。クラスの友人も笑った。内心は不愉快であったが、宗教的な関心は誰もが持つようなものではないことにその時気づいた。宗教は大人や老人を相手とするもので、子どもが興味を持つようなものではないのだ。私はお寺や神社の雰囲気が気に入っていた。

私は大学では法律を学ぶことにした。高校時代の和歌や文学、哲学への傾倒からすれば、あまりに実学的なものを選んだことになる。なぜ法律にしたのか。私は、第4章に書いたが、子どもの頃から様々な差別事象を経験してきた。同級生の知的障害者、近所に住む在日朝鮮人、島崎藤村の『破戒』のモデルになった同和地区出身の「大江磯吉」、このような人々を通じて、私は差別に苦しむ人びとを支援する仕事に就きたいと考えるようになった。

いつしか弁護士になる夢ができつつあった。

だが、私を待っていた大学生活は、法律家になろうとする夢を打ち砕くような状況にあった。学園闘争の真っ最中に入学した私には、入学式も卒業式も経験がない。1年生の後期と2年生の前期は授業がなかった。普通4年かけて単位を取得して卒業するのに、実質3年で卒業した。現在、大学の教員をしている私は、ゼミ生の単位取得に絶えず関心を払い、卒業要件を満たしているかを確認しているが、当時はこんなことが許されていて、誰も疑問に思わなかったのだ。

私は学生運動に背を向けて、ひたすら内部に籠もった。社会変革の意識よりも、もうじき死ぬという意識が優先し、一度限りの人生にどのような意味があるのかを求め続けた。読書は専ら哲学、宗教、文学に限定された。私の書棚を見た友人は、これが法学部の学生の書棚かと笑った。いつしか法律家になる夢は消えていった。ただ、大学の友人たちが関わる学生運動には、絶えず関心を向けざるをえない状況にあった。同時代を同じ大学生として生きている者として、社会との関わり方を考えるとき、彼らのようにアグレッシブには生きられなくても、個人として社会にどう向き合うかが、絶えず問われていたからである。当時の日記には、「個人主義と信仰」や「哲学の社会性」という文字がたくさん出てくる。個人として生きることと、社会のなかで人々と生きることの違いやその関係性を模索していた。哲学は人を個別化し、社会的関心を奪い、強いては人と共に生きる社会性をも奪っていく。私はほとんど友達のいない、偏屈な理屈屋という自分の存在を何度も思った。哲学は孤独の人生を誘う。

私は大学に入学して、再びキリスト教会に通うようになった。だが、一方で幼少の頃から仏教にも強く巻かれていた。哲学に関心を持つようになっていた私は、月刊誌『理想』と『大法輪』を取って読んでいた。

仏教では禅宗よりも浄土真宗に関心を持つようになり、親鸞や蓮如の本を読むようになった。著名な仏教学者の清沢満之、暁烏敏、金子大栄、石田瑞麿などの著書を読んだ。教会に通いながら、両者の違いについて考えるようになった。教会にも親鸞や蓮如、一遍に関心を寄せる人がいて、よく議論をした。

石田瑞麿の著書にこのような一文がある。それは信仰者の迷いについてであった。念仏を何万遍唱えていても迷いはある。開祖親鸞もそれを繰り返し語っている。迷いの中にある信仰者にはこのように説明すると。「迷いは行き先の決まっている列車の中で、どこの座席に座ろうかと動き回っているのに似ている。行き先が決まっていることを信じたら、その場に座ることだ」と。その場に座ること、それはそのままで救われていることを示している。あるがままで良い。何か特別なことをしなくても良いのだ。私は当時の混乱期のキリスト教会が、「社会派」、「福音派」に分かれて、激論の渦中にある事を眺めながら、このような穏やかな信仰に心引かれるものがあった。

鈴木大拙の『日本的霊性』から、「妙好人」なる人の存在も知った。浄土真宗の信心の篤い在野信徒のことである。特に、岩見の浅原才市は、「口あい」という信心を詠んだ詩をたくさん作ったことで知られる。念仏者の中に「人中の妙好華」と呼ばれる人がいて、日常の細かなことまで、仏教的な悟りに似た境地を示す人の代表だという。浅原才市は無口で穏やかな人であり、寺参りと聴聞には極めて熱心であったという。

浄土真宗の「妙好人」は、悟りにあって日常生活をあるがままに楽しみ受け入れて生きている人である。一方で、聖書に出てくる登場人物を見るとき、そこにあまりに生臭い欲望をむき出しにした人間性を感じざるを得なかった。何事にも対立構造で考えるキリスト教は、ノンポリとして生きていた当時の私には、学生運動の激しい自己主張と重なり合って見え、嫌悪感を伴って、ますます否定的に捉えるようになっていった。

それでも教会を去らなかったのはなぜかという問いはある。何年も洗礼を受けないで教会に通い続けた背景には何があったのか、と。

当時夢中になって読んだ著者の一人に真継伸彦がいる。彼の書いた『鮫』や『無明』という小説や、『破局の予兆の前で』というエッセイは、浄土真宗を背景としたので、何人かの友人に読書を勧めた覚えがある。「鮫」は一向一揆を題材にしたもので、盗賊が真宗門徒になる物語である。信仰とは、理屈抜きに泥臭いものであり、決定的な回心の上に成り立つものと私は理解した。当時、私はキリスト教を否定的に捉えながらも、一方で信仰を求めていた頃で、自分に決定的な回心が訪れることを願う心があった。パスカルやキルケゴールの経験した生き方を一変する「大地震」がこの身に起こることを期待し、それがあれば信仰者として生きようと思っていた。それが、この小説に惹かれた理由である。

私は、教会に通いながらも、仏教書を読みあさっていた。「捨聖《すてひじり》」と言われた一遍は、捨てて捨てて仏に還ることを実践し、「捨てる心も捨てる」とまでの心境を訴えている。踊り念仏で知られる時宗は、念仏が弥陀仏の教えと聞くだけで、歓喜に満ちて踊り出すという。キリスト教の中でも歓喜に満ちた礼拝や祈りはあるのだろうが、あまりに教義的思索的で、対立的に物事を捉える宗教という面を強く持っていると、仏教との比較で思うことが多かった。

私は、幼少の頃から持っていた仏教への憧れから、徐々に哲学への関心に目覚めていった。

私は大学に入学して、藤村操の「巌頭之感」を知った。18歳の旧制一高生が哲学的思索の中で自ら命を捨てるという事件で、華厳滝に残した文言が社会に衝撃を与えた。厭世の末の自殺であったが、その影響下、多くの若者が命を絶ったという。

　　巌頭之感

悠々たる哉天壌、遼々たる哉古今、五尺の小躯を以てこの大をはからむとす。ホレーショの哲学ついに何らのオーソリティを値するものぞ。万有の真相は唯一言にして悉す、曰く、「不可解」。

我この恨みを懐いて煩悶、終に死を決すに至る。

既に巌頭に立つに及んで、胸中何らの不安あるなし。

始めて知る、大いなる悲観は大いなる楽観にするを一致するを。

明治36年5月22日

私は哲学的厭世主義者の文章を何度も読み、そして考えた。哲学とは、自分をすべての尺度にして考えるものなのだと。主体者としての自分が、対象になるものを判断していく。小さな身体と能力ですべてを推し量っていく。だが、その最後に行き着くところは、「不可解」の絶望しかない。哲学は滅びの学問ではないかと思うようになった。後に彼の自殺の原因を失恋だとする文章を読み、そんな俗論は知りたくもないと思った。

私はニーチェを読みあさる中で、彼が三日三晩耽読して読んだというショーペンハウエルの『意思と現識の世界』という本を知るようになった。当時彼の出版物は、薄いコンパクト版しかなかった。私は神田の古本屋をくまなく探し、そして見つけた。全三巻で一万七千円。当時は二万五千円で生活できた時代である。私は何としても手に入れたいと、夏休みの一ヶ月、鉄工所でアルバイトをすることにした。友人が真夏の鉄工所のバイトはキツくないかと聞いてきたが、何でもないと答えた。柔道で鍛えた身体は重労働に耐えることができた。だが、それ以上に本を買いたいという思いが優っていた。手に取った瞬間の感動は、柔道の大会で賞を取ったときとは比較にならなかった。

私は毎日読んだ。大正九年版の書物は、出版後50年を経過したもので、古本の香りと旧仮名遣いの文字が私の胸を躍らせた。本の間に、「神饌米献納書」なる前持ち主のものと思われる文書が挟み込まれていて、見事な毛筆の書体からこの本を読んで真剣に生きた人との印象を受けた。

私はショーペンハウエルによって、ドイツ観念論の洗礼を受けた。私の当時の日記の至るところにショーペンハウエルが登場する。その頃の日記は、日常的なことは捨て去って専ら思索ノートになっていた。

客観は主観に対する客観であって、客観独自で存在するわけではない。認識主体の対象として存在する。物の存在は認識する主体があって初めて存在する。このようなバークリの「存在とはすなわち被知覚」という観念論の伝統を継承したドイツ観念論を私は真理と思った。それは、認識主体は自己にあるという立場を最後まで脱皮できなかった私の原風景となった。バルトに出会うまでは。

また、ある日の日記では、人間の根源は合理的な理性ではなく、生きようとする盲目的な意思であるから、この世界は苦痛に満ちたものである。人間は結局厭世主義者にならざるをえないという彼の教えに同感している箇所がある。ショーペンハウエルは苦の世界から逃れる道として、芸術的観照、道徳的同情、小乗仏教的解脱を説いた。主観・客観の対峙を根底に持つドイツ観念論は、主客合一を何に見い出すかが鍵になる。彼はこの主観・客観の対立の解消に、三概念を用いた。それぞれ、見る者と見られるもの、感じる者と感じられるもの、宗教的真理との合一が、彼の求めた真理への道である。ここにはキリスト教信仰による救いは入ってこない。私は、哲学の道は最終的にキリスト教へ向かわないのだと感じた。

ショーペンハウエルの厭世観は、「生まれたら早く死ぬこと」、もっと良いことは「生まれなかったこと」という言葉に尽きる。彼の言説を信じて多くの若者が自ら命を絶ったという。後に私は、彼はヘーゲルに嫉妬し、母親とも敵対して女性蔑視に固まっていたことを知った。彼の晩年は世界的に著名な哲学者として知られるようになり、トルストイの賛辞の言葉が届くと狂喜したという逸話が残っている。厭世観はどこへ行ったのか。自己の哲学を生きること、そしてその哲学に徹することの不完全さを彼のうちに見た私は、観念論の危うさを知って疑問を抱くようになる。やがてその問題は、キリスト教信仰を持つことと、それを生き抜くことの問題へと重なり合うことになる。

私は大学の教養科目で、岩崎武雄教授の哲学概論を取った。彼の授業は哲学史を自分の理論で再構築する試みであった。私は彼から初めて体系的に哲学を学んだ。彼のカント論をはじめ、桂寿一の『デカルト哲学とその展開』、『近世主体主義の発展と限界』は、私のバイブルとなった。

デカルトに始まる「近世主体主義」の登場により、人間が何ものにも包み込まれないで人間自身の主体性が確立された。そこから理性が尊重され、理性によって真理を掴み、世界を構築するようになった。デカルトの「自我の発見（我思う、故に我あり）」から、理性への絶対信頼が生まれ、それはドイツ観念論へと発展した。人間が理性的存在であることは、当時法哲学の授業の中で示された、ヘーゲルが語った有名な言葉、「人間は刑罰を受ける権利を有する」に象徴される。刑罰を受けることは義務ではなく権利であると言い切るヘーゲルは、人間の理性を信じて疑わなかった。だが、この理性至上主義が崩壊するようになり、次に登場するのが、感性的人間観である。理性という普遍的なものでは捉えきれない人間存在や社会のあり方が、問われたからである。フォイエルバッハにはじまる感性的人間観は、人間の本質を理性ではなく、人間の肉体的感覚的側面から人間を捉えるものである。やがてこの考え方はドイツ唯物論、マルクス主義へと導かれる。この系譜と並んで登場するのが実存主義である。人間における非合理性を重視して登場した実存主義は、当時の時代的危機感の状況と相俟って、多くの学生に読まれていた。

私は教会に通っていたこともあり、キリスト教に近い実存主義に触れることになる。キルケゴール、ベルジャーエフ、ソロビヨフ、ティリッヒ等を読んだ。中でも白水社のベルジャーエフ著作集全8巻を耽読し、本の至る所に書き込みがあり、付箋が貼られ、通学中も読み続けたこともあって、本の体裁が壊れるものもあったほどだった。日本で手に入らないものは海外から入手するほどであった。私が生涯を通して最も読み込んだ哲学者である。私は彼の影響から横浜にあるハリストス教会にも通ったこともある。私がベルジャーエフついて語ると、神父は露骨に異端者の本は読まない方がよいと言った。その一言でハリストス教会へ行くのをやめた。

岩崎教授は、実存主義の曖昧性、抽象性を批判した。対象が真理か否かよりも、主体である私のあり方に真実があると説く実存主義に対して、もう一度理性的な態度を求めている。それは実存の性格を描写するに留まって、それ以上に進まないことを指摘する。実存主義者は、行為の決断はその人個人の責任で行えと突き放す。実存主義は、普遍的な原理を持たないが故に、自己の決断には人間以上のものを持ち出すことになる。実存主義は実践的立場を取らないと批判する。

私は、自身が強く実存主義に惹かれていて、岩崎教授の言説に反発しながらも、その正しさを感じざるを得なかった。

私は文学部の授業に出席するようになっていた。聴講生ではないので、「もぐり」である。その中の一人、前田護郎教授の「聖書概論」を取った。授業の最終講義で、先生は君たちの意見を聞きたいと言われた。私は手を上げてこう言った。信仰は理性を越えたところで起こるものであり、学問は理性で真理を追究するものだ。信仰を理性的に追及することができるのか。学者の生き方は信仰者の生き方と共存できるのかと。先生はじっと私の顔を見て静かにこう言われた。信仰は生活者の中で起こることで、学問の中で生じるものではない。学問的に信仰を真理問題として追及することは不可能だ。私は、信仰と学問は別のものと考えていると。私は、それを聞いていつも感じていた理性的主体者として神を求めることへの疑問が、先生の言葉で払拭されたと思った。

私の日記には、「宗教的人生観」と題する文章が綴られている。それは私の人生論だが、19歳になったばかりの頃から20歳、21歳のものへと続いていて、幼い思索の足跡である。読んだ哲学や宗教関係の本の影響を受けて、自分なりの哲学や宗教論の構築を試みたのであろう。内容は乏しく、思索は深まらず、過激な表現に満ちた文の羅列である。だが、その中には、それから50年も経った現在も同じように持ち続けている考えがあるし、様々な疑問を乗り越えてきた経緯の跡があり、私を作り上げた原点をそこに見る思いがする。

19歳の「宗教的人生観」は23ページあるが、そこで示されている概要は次の5点である。

①観念論と唯物論の対比。ここでは主観が客観を凌駕するというドイツ観念論の立場から、唯物論を批判する。

②マルクス主義と観念論の対比。ものの価値は精神によって規定されるものであり、存在が

意識を決定するのではなく、意識が存在を決定するとして、マルクス主義を批判する。

③観念論の危うさ。真理は理性による探求で見い出だされるものであるのか。絶対的真理は反理性的なものであり、理性を越えたものではないのか。

④宗教とは何か。宗教とは自己を客体化することにより、逆説的に自己の主体が回復されるものである。ここには、理性的主体者としての人間を越えたもの、飛躍がある。

⑤信仰の獲得。理性的主体者として信仰への道を断念すれば、信仰への道はいかにして可能か。信仰が個人の独断という批判に対して、信仰の客観性をどこに求めるのか。

19歳の思索は、いつしか自分なりに乗り越えてきた。だが、本当にそうなのか。

21歳の時に書いた「実存と超越」という一文がある。これは教会の信徒機関誌に投稿したもので、私の文が初めて活字になったものである。原稿は30枚を越えているが、要約するとこのようになる。

①西洋的風土と日本的風土。デカルトの自我の確立によって、世界や自己を二元論的に見るようになった。認識主体である自己は、自然や自己の肉体も客体と知るようになる。ここには、主体としての自己と客体としての世界（自然）の対峙した世界が生じる。一方、自然の恩恵を受け、穏やかで対立構造で世界を見ることの少ない日本は、砂漠の宗教であり、神と対峙するキリスト教を受け入れ、主体者としてすべてに向かい合う自我の確立がある

のか。

②実存主義の貴族性。ニーチェは精神は貴族主義であり、他人を蓄群と罵倒して、独り聖なる高みに登るべしと説く。サルトルは、人間とは自らを創り出すものであり、他者との連帯を否定する。ハイデッガーは、ダス・マン（日常人）であることをやめ、死の前に立つ本来的自己を取り戻すように言う。このような実存主義は日常生活を生きる我々とどのように関わるのか。信仰は個別の事柄であって、教会という仲間の世界は不必要なものになるのか。

③信仰における主体と超越。主体者の自己は神を求めて行く。そして突如、「歓喜の涙」にむせぶ信仰への飛躍が起こる。このキルケゴールの信仰体験は、「最大限の主観性が神の客観性になる」という表現で知られる。此岸から彼岸への跳躍はいかにして起こるのか。その過程は説明不可である。徹底した主体者はどこへ行ったのか。信仰者の視点は常に超越した側で語られる。その過程には踏み込むことができない。

④バルトの客観性。バルトにとって信仰とは常に超越者からの恩恵である。人間から神を語ることは不可能であり、神の述語として人間は存在する。人間の主体性などバルトにとって論外である。神がすべてであり、人間は無である。だが、恩寵としての信仰であっても、それを認識するのは人間であり、その認識主体はどうなるのか。

私の若き日の思索は、自己を主体者として生きる実存主義の洗礼を受け、キリスト教信仰を求めつつも、認識主体としての自己の殻を打ち破れることはなく、教会に通いながらも求道者としての生き方に終止したものであった。

2　哲学から神学へ

私は大学を卒業して石油会社に就職した。卒業時に大学院で哲学を学び、その後は高校で哲学教師として生きたいという思いもあったが、決断するには至らなかった。私は石油会社の輸入課の仕事に従事した。だが、この世界で生きていく自信はなかった。通勤や休日に哲学や宗教書を読むことを何よりの楽しみとする私は、この世に安住することのできない人間となっていったのだろう。精神の貴族主義を否定的に見ていた私が、いつの間にか貴族主義者としてこの世を低く見る傲慢さが育っていた。今でも覚えているが、会社の同期が若くして結婚してその披露宴に呼ばれたとき、私は結婚して家庭を持ち、子どもを育てることには全く向いていないと思った。「ダス・マン」（日常人）になりたくてもなれない自分があった。

その頃、私は4年間通っていた教会をやめて、別の教会に移った。そこには著書を読んで感銘を受けた関田寛雄牧師がいたからである。だが、関田牧師は別の教会の牧師として移ることになり、新任の藤原繁子牧師と出会うことになる。女性ではこの地での牧会は難しいと言われる地域で、藤原牧師は多くのニーズを抱える人々との関わりを続けていた。私は彼女からバルト神学の手ほどきを受けた。多くの哲学書の中にあるバルト批判に賛同してきた実存主義者の私にとって、バルトは批判の対象であった。

藤原牧師はお茶の水女子大学の哲学科でハイデッガーを学び、卒業後教師をしているうちに召命を受けて牧師になった。私が大学でドイツ語を学んでいたこともあり、『教会教義学』の和解論を原書で学ぶことになった。私の他に若い会社員もいて、三人の学習会になった。バルトのドイツ語は難解である。それが第一印象だった。何しろ最初に三つ並んだ「D」が登場する。「D」の品詞を確定するだけで先に進まない。そんな学習会を続ける中で、私にとって決定的なことが起こった。

私は今までの哲学への関心から、認識主体としての自己にとって、信仰とは何かを対象として模索してきた。信仰とはその対象が何であるかより、それを信じる認識主体のあり方が問われている。なぜなら多くの対象の中で選び取ってきたのは自己であり、信じる自己が明確でなければならない。対象の確実性より信仰主体の自己のあり方こそ重要なのだ。実存主義そのものである。だが信仰とは、自己の側だけで完結するものではない。信じる自己と対象である神とはどのように関わり、自己のうちに確実な者として認識されるのか。信仰の確実性「信じている」という意識の明確さが信仰の基準になるのか。そうなら意識の強弱によって信仰と不信仰が分けられるのか。信じる主体としての自己のあり方を執拗に信じて疑わない私にとって、信仰を意識の強弱で規定することの疑問を持ち続けた。認識主体の私が信仰を持つとすれば、それは探求の果てに掴むものではなく、主体者としての自己を越えた出来事によるほかはないと思っていた。パスカルやキルケゴールに代表される「大地震」的経験の「回心」を待ち続けた。ダマスコ途上のサウルに起こったイエスによる直接的な呼びかけが、自分の上に起こることを求めた。それは私がエックハルトやヤコブ・ベーメそしてベルジャーエフ等の神秘主義に惹かれた要因である。肯定神学対する「否定神学」は、認識主体の延長ではなく、彼方からやってくるものへの道筋を示している。探求者である自分を越えて、神が私を掴むことを望んでいた。

そのような私に、バルトは『教会教義学』Ⅲ（創造論）の中のデカルトとの対決で、次のように語る。

デカルトは自己意識から引き出された「神観念」を、直ちに我々の自己認識と世界認識の妥当性の根拠とした。デカルトの「コギト」は、神の独自の自己証言から出発したものではなく、我々自身の「精神の証言」から出発したものである。それ故、まさにその理由によって、我々が無の中にいるのではないことの確実性が、そこからは与えられない。むしろ、逆に創造者自身の自己証言が、被造物の存在と自己意識、世界意識を開示する。デカルトは創造者である神の啓示から出発するのではなく、人間における神の観念から出発するが故に、そこにはいかなる確実性もない。

私はデカルトをはじめとする哲学者の思惟が、その内容が神や聖書について語ろうとも、人間の自己意識、世界意識にもとづいていることを認めざるを得なかった。神から始まる思惟と人間の自己から始まる思惟の違いである。神の前に「然り」を承認する人間と、「神が誰であり、いかなるものであるのかを自ら決定する誤った自己信頼の上に立つ人間」の違いこそ、信仰者と哲学者の決定的な相違である（『ローマ書新解』）。

さらに私の求め続けてきた神は、哲学者の神であり、歴史上ただ一度現れた特殊啓示である御子イエス・キリストではなかったと悟った。このキリストの救いの現実から離れるどのような思惟も、それは信仰とは無関係であることを知った。私の認識対象として求め続けた述語である神は、私を創り導き救われる主語である神であることを知った。人間から神に至る道はなく、神の述語として人間が立てられている。

私は哲学の神、神秘主義の神を捨て、イエス・キリストの神に捉えられている自分を知った。教会に通い始めて8年目のことである。私は即座に石油会社を辞めて、牧師になるべく神学校に入学することを決意した。

私は神学校での授業の他に、バルトの教義学の学習を続けた。藤原牧師の先生であった桜新町教会の川名勇先生である。バルトの著書を何冊も訳し、バルト神学に精通している先生であった。先生は私に常にこう語った。「牧師はドイツ語はできなくて当たり前。しかし、聖書の専門家でなくてはならない」と。それはともすると哲学との決別が危うい私に対する警告であった。藤原牧師は哲学と決別して神学を選び、牧師となった。私にも同様のことを期待したのであろう。

大学ではバルトの立場からレポートや論文を書いた。それは今まで読んできた実存主義との対決を前面に出すというものであった。「実存論的神学」の野呂芳男教授の授業のレポートは、「実存論的神学批判」と題して、50枚を越えるものになった。内容は次の4点である。

①実存の功績性。神の前に独りで立つ実存が信仰者の姿とするならば、極めて少数の知的エリートしか信仰は持てないことになる。聖書が求める信仰は一部のエリートのためのものか。

②キリスト教実存主義批判。実存主義は、その基盤に「近世主体主義の確立」であるデカルにはじまる認識主体者としての自己を全面に掲げる。この認識主体がどのようにして信仰者へと飛躍するのか。実存主義は認識主体としての探求者を放棄して、最後には「飛躍」や「恩寵」という理性から見れば「不合理性」に陥っていく。聖書の神からの乖離は、哲学者の信仰を断念させることになる。

③実存主義の現実理解。実存主義が現実的、客観的な世界理解には結びつかない根底に何があるのか。ハイデッガーやゴーガルテンのナチスへの加担は、真摯な学者の状況理解の間違いではない。単独者をめざすこと、ダス・マン（日常人）の否定は、精神の高みから世

界を眺めるテオリア思考（傍観者）にならざるをえない。岩崎教授の説く「実践的理解」を欠いたものとなる。それがナチス加担の意味である。

私はかつて読んだR・D・レインの『わが半生』に載っている一文を思い起こす。私はこのレポートを、かつてあれほど親近感を持っていた実存主義に対しての決別の意を込めて書いた。

私は1955年と1956年にグラスゴウ市内でポール・ティリッヒと数回会った。彼は一部の人たちにとっては「崖っぷちから遠くに行きすぎてしまった［常軌を逸して狂ってしまった］」ということになっていた。今でも覚えているが、彼の講義に出席していた時、私は憎めない敬虔なプロテスタント信者であるグラスゴウ生まれの老婦人の隣りに座っていた。するとティリッヒが「マルコ伝」第8章の次の一節に噛みつき始めた。

第27節　イエス、その弟子たちとピリポ・カイザリアの村々に出でゆき、途にて弟子たちに問いて言い給う、「人々は我を誰と言うか」

第28節　答えて言う、「バプテスマのヨハネなり。されど或る人はエリアとも言い、預言者の一人と言う者もある」と。

第29節　イエス、また問い給う、「汝らは我を誰と言うか」。ペテロ、答えて言う、「汝はキリストなり」

第30節　これを聞きしイエス、己がことを誰にも告ぐなと彼らを戒め給う。

人々は私が誰であると言っているのか。

ことによるとイエスは自分自身を知らなかったのではないか。イエスの生涯のあの時点では、イエスは自分が誰であるかをまだ知っていなかったのかもしれない。いや、いつまでたってもそれが分からなかったということもありうる。もしキリストがイエスであったら――ほかならぬ神がまさしく人に化身したもの、人間の肉体と――それから精神を――持った一人の人であったなら――イエスは自分が誰であるかを知りえたはずがないのではなかろうか。ということはつまり、特殊にも個人的にも、そしてまた分類的にも総括的にも、私たちはすべて自分が神の息子または娘であると知ったり、思ったり、信じたり、望んだりすることができるし、そうしなくてもよい、ということにほかならず、もし私たちが本当に神の子だとしても、私たちはそのいずれかを選ぶのか。人間の心はこう問わなくてはならない。「自分は誰であり、なんであり、どこから来てどこへ行くのか」と。だが、こうした疑問に人間の心が答えを出せるかどうかは非常に疑わしい……。

ポール・ティリッヒはひょっとすると言い過ぎてしまったのかもしれない。

何しろ彼は、イエスが弟子たちに自分は誰かと問うた時、果たして自分自信を知っていたかを疑ったのだ。ことによるとイエスは、自分が誰であるのか自分にも見当がつかず、そこで弟子たちの意見を聞きたかったかもしれないのである……。

私の隣りに座っていた老婦人は、ティリッヒの講義が終わると、泣き出さんばかりの表情で私の方を向き、こう言った。「ああいう人がここにやって来て、私みたいな年老いた女の信仰を崩してしまうことは、まっとうなことではありません」と。

私が神学校の授業で受けた「神学演習」の教授は、「実存論的神学」を著した野呂芳男教授であったが、実存論的神学について語る講義の最終回で、自身の信仰を語った。彼はこう言った。私は科学的合理的な判断を基準に考える。それ故、死者の復活は信じない。マリアの処女降誕も信じない。イエスによる病人や障害者の癒しの奇跡も信じない。ただ、永遠の生命は信じる。なぜなら、不合理な人生を生きる人間にとって永遠の生命だけは信じたいと考えていると彼は続けた。永遠の生命だけを信じることに、研究仲間から批判があると続けた。彼の研究仲間も同調者なのだ。

神学校の教授の中には十字架の贖罪も死からの復活も神の国も信じない人たちがいることに驚いた。その教授は周囲から宣教に対して熱心ではないと批判されると語っていた。宣教は彼の神学者としての使命には属していないのだ。

デカルトのゴギトの確立によって、人間の知恵がすべての基準となってきた現在、キリストの救いの業を信じることが科学的合理的な思考からは理解することが困難な状況にある。だが、欧米諸国のキリスト教離れの要因ともなっているこの「人間的思惟」を絶対の条件とした考え方、生き方に対して、聖書は語る。「十字架の言葉は、滅んでいく者にとっては愚かなものではあるが、私たち救われる者には神の力です」と。この言葉を心から受け止めたい。

第一コリント1章19節
わたしは知恵ある者の知恵を滅ぼし、
賢い者の賢さを意味のないものにする。

讃美歌249番
妙にも尊き　み慈しみや
求めず知らず　過ごししうちに
主はまず我を　認めたまえり

私たちが学生時代に傾倒した実存主義は、今日でも多くの人々や文化の諸相に強い影響を与えている。キリスト教神学の中に、また個人の信仰理解の内に、確固とした足跡が残されている。

だが、実存主義の残した「負の遺跡」は、「神の前に独りで立つ」という信仰の個人主義的理解であり、それが「信仰の我ら性」を片隅に追いやったことである。実存主義が元々集団的人間ではなく、個人の尊厳から出発したという歴史的時代的経緯がある。その時代には「個の独立」が求められたが、結果的にそれは「神の前に手を取り合って生きる共同的存在」としての人間観を追いやってきたことを示している。

信仰とは、信じる者の群れの中で、共生的に生きることである。この「共生的信仰理解」は、「インクルーシブ神学」に規定されるものである。

学園紛争から50年近く経ち、今から思えば当時尊敬の念すら込めてみていた彼らと、ひたすら自己に閉じこもった私との違いはなんだったのかを考える。社会変革のために闘った全共闘世代は、政治の仕組みや社会のあり方に強い不満を持ち、それを変えることで真の人間性あふれる社会の到来を夢見ていた。だが、大学卒業後にはその夢を自ら放棄して、この矛盾だらけの社会の一員として生きることに疑問を持ちながらも抵抗感をなくしていった。そのようにして社会人としての自己に折り合いを付けていった。一方、私は社会との接点を持てずに、人との関わりが苦手な人間として生きてきた。卒業後3年間勤めた石油会社を辞めたのも、もっと人間らしい仕事をしたいという思いからであった。そして牧師と教師になるため神学校へ入学したが、その結果、苦しむ子どもや大人と付き合うようになった。社会をどう変えるか、世界をどう理解するかの視点は薄くなり、今目の前にいるこの人をどう支えるかという個別的特殊的なことが関心の大半を占めるようになっていった。

今でも思い出すのは、私が神学生の時にアルバイトしていた病院での、共産党員の若い医師との対話である。牧師の卵であった私は、苦しんでいる人の個人的な支えになりたいという意識が強かった。だがその医師は、個人を何人救おうが社会全体が変わらなければ無駄な行為だ、持っている力量を社会を変えるための政治活動につぎ込むことが優先すると語った。社会の変革か個人の救済か、それは社会活動家と宗教家の対立のように考えられる。私はこう思った。今、目の前にいる苦しむ人びとに向き合うこと、その一人のために実践することが、その背景にあるものの変革を考えることより、優先されると。倒れている人を見たときに、すぐに助け起こす人と、一歩退いて誰も倒れない社会の仕組みを考える人とは、違うのだ。

私はその後人生の大半、障害者やホームレス等の支援を必要とする人々を相手とする仕事に携わってきて、個人が社会や世界に優先するという考えをますます強めていった。かつての私は人との関わりに難のある人間であり、現在でもそのような一面がある。学校にいた臨床心理士は、私について「注意欠陥多動性障害（ＡＤＨＤ）」の傾向があると示唆した。それは障害児教育の専門家としての自己診断でも同様である。あれほど人の中で生きることに抵抗感のあった私は、いつしか人の群れの中で生きる生活をするようになっている。それは、もちろんキリスト教信仰と無関係ではない。信仰によって共に生きることへ招かれての自分がいる。だが、もう一方で、社会的な事柄を個人より上に置く考え方とは、学生運動や社会活動であれ、観念的なものに陥っていくことであると思っている。

全共闘世代が現在の社会をつくってきた。このような矛盾だらけの社会を私たちがつくり出したのだ。学生運動や社会運動が、個人に目を向けることをしなかったからであり、実際の社会の変革を夢見たのではなく、「社会的観念論」に陥っていく構造を持っていたからである。

私は目の前で苦しむ人たちを見てきた。教会には時々大学の研究者が、ホームレス研究のためにやって来る。私は彼らに言う。研究は大切であるが、今飢えている彼らのために、僅かでも食べ物を持ってくることはできないのかと。

私の属する日本基督教団では、学園紛争当時から、「社会派」と「福音派」に分かれた対立があった。私は学園紛争時代の社会改革論は、本質的に「社会的観念論」だと思っている。目の前の苦しむ人を見ないで、その背景を探り、対策を講ずることを優先する。いきおい、主張は過激に声高になっていく。彼らは自己の正義を主張する。それを受け入れない人は抵抗勢力とされる。だが、叫ぶことは手を差し伸べることを後回しにする。その間も地面に横たわった人はそのまま捨て置かれる。「自己の正義」が優先する「社会的観念論」は、同調者をつくらず、敵を新たに起こしていく。「社会派」の人たちのなしたことは、社会に目を向けさせるという点で意味があったが、目の前の苦しむ人びと一人ひとりを自ら支えることを放棄させる。

横浜市寿地区で行われているホームレス支援活動には多くの教会や牧師が関わっているが、ホームレスを誰一人、教会に招き入れることもなく、キリストに導く者もない。桜本教会のよう

に会堂で一緒に礼拝し、神の前で食事をいただくこともない。災害時に教会で宿泊させること
もない。真に教会の仲間として遇することもない。
　この社会派の観念論が、教会の信徒を社会に目を向けること、苦しむ人びとと共生すること
を拒む要因をつくっている。
　私は、人とのコミュニケーションが苦手で、人と一緒にいることに窮屈感を覚える者である
が、そのような者が共生をめざす者として立たされていることの不思議さを思う。哲学者中島
義道に親近感を寄せる私は、人嫌いで偏屈で、大地に根っこを張らず、厭世主義者であるが、
「共生」を社会の理念に掲げる語り部にされている。懐疑派哲学徒、孤独な単独者が「共生の
教会」づくりに携わる。私自身想像もしなかった人生を生きている。洗礼を受けるまでに8年
間も要した者を辛抱強く導き続けた神と、教会の仲間に改めて感謝したい。

第2章　インクルージョンとの出会い

1　排除と包摂の原風景

（1）障害のある子どもとの出会い

私は1948年長野県に生まれた。小学校に入学したのは終戦後10年を経た時で、日本社会は復興に向ける意気込みが感じられる時代であったが、現在の豊かさとは比べものにならないほど人々の暮らしは質素なものだった。第一次ベビーブームと言われた世代であったため、小学校は急遽1学級増加して対応した。

戦争は終わったものの、戦争の傷跡は様々な場面で知ることができた。中でも小学校には、

「慈恵院」という孤児院から通学する戦争孤児の子どもたちが何人もいて、学級の中にもその施設から通う子どもがいた。彼には知的な障害があった。学習の遅れは同じ子どもである私たち小学1年生の目からも明らかであった。また、授業に集中することも難しく、混乱を起こすために先生が時々声をかけなければならなかった。当時は特殊学級などはなく、どんな子も通常の学級で一緒に授業をしていた。生活はほぼ自立していたが、言葉でのやりとりは難しく、移動の場面では誰かがついての指示や誘導が必要であった。

私はその学級に4年間在籍し、彼のクラスメイトであったが、今思い返してもその子が学級から弾き出されたことは一度もなかった。何かしても、みんながかばい合った。いたずらで教科書をぶつけたり些細なことで泣き出すこともあった。だが、誰一人彼を責めるものはなかった。それは今思えば、担任の先生のその子に対する愛情だった。戦争孤児となって親のいない子となり、山の中腹にある施設から時間をかけて通ってくることも、同情させる要因の一つであったのだろう。だが、そんなことより彼に対する愛情の深さは本物であったし、それは私たちにも注がれていた。先生が怒鳴ったり怒ったりする姿はほとんど見たことがなかった。それでいて教師としての威厳を感じさせる人で、先生の前では緊張していたことを思い出す。

担任の先生はその子をとても大事にかわいがった。スムーズに行動することのできない彼を叱りつけることもなく、彼が動けるまでじっと待っていた。学級のみんなも、先生に従って彼を待った。転んで怪我をしたとき、弁当を落として中身が出てしまったとき、真っ先に心配して彼のもとに駆け寄ったのは先生だった。遠足で歩けなくなった彼を背負って歩いたのも先生だった。私たちは、その先生のその子への対応を見て、自然に自分たちも大事にしようと思うようになった。学級は彼を中心にまとまっていた。

担任の先生は、退職した後もずっと彼のことを気にかけていて、中学校卒業後に勤めた町工場に何度も訪ねたり、私たちに安否を尋ねたりした。先生は94歳で亡くなったが、教え子の一人としてずっと連絡を取っていた私は、いつも彼のことが気にかかっていることを知らされていた。

私が障害のある子どもたちの教師になろうと考えたのは、先生と先生が大切にしたその子との出会いがあるからだと思っている。私はどこへ行っても、この先生について語る。障害のある子どもを大事にして、退職後もずっとその子を心配しているその姿に、教師とは何かを考えさせられるからである。教頭にも校長にもならなかった先生は、社会に出て活躍する教え子より、障害のある子を終生忘れることなく、心配し続けた。障害があるから、孤児だからといって差別することなく、むしろそれゆえに大切にする生き方を、私たち子どもは教えられた。

一人の障害のある子どもを真っ正面から支えた先生の生き方は、クラス全員に大きな影響を与えた。私が障害児学級の教師になったことを知った何人もの同級生は、「彼のことを忘れなかったからだよね」と言った。

今日で言えば、障害故に特殊学級に行くことになるのだろう。その方が本人にとっても幸せな学校生活が送れて、社会に出るために身につけるものが多いからである。だが、誰かに言われなくても自然に助けようとする思いや、みんなで一緒なのだという心が育つのは、当たり前のように人としてつきあうことから学ぶことである。

それと同時に彼のことを思い起こす度に、私の心に苦いものがこみ上げてくるのは、心のどこかで彼のことを嫌っていた内なる差別感情である。私が障害児教育の教師になった理由は、おそらく差別した自分が許せないという思いからではなかったか。

（2）島崎藤村『破戒』との出会い

私は高校1年生になって、島崎藤村の『破戒』を読んだ。被差別階層出身の教師が、その出自を教壇の上で土下座して生徒たちに謝罪する物語を読んで、世の中の理不尽に憤ったことを覚えている。なぜ土下座までして謝らなくてはならないのか、人は平等ではないのか。差別、偏見、排除されている人びとの存在に私は強い関心を持った。

私が被差別階層の人たちに関心を持ったのには、もう一つ理由がある。『破戒』に登場する主人公の瀬川丑松のモデルとされた「大江磯吉」は、私の生まれ故郷の飯田市の出身だったからである。彼の生まれた下殿岡村は私の生まれた所からは近いところにあり、それだけでとても人ごととは思えなかった。今でも生家の近くに石碑が建てられている。

大江磯吉は公立下伊那中学校を優秀な成績で卒業し、長野師範学校、高等師範学校で学び、その後各地で教師を務め、やがて兵庫県の中学校校長に弱冠34歳で就任。しかし、腸チフスにかかって若くして亡くなった。在職中に差別や迫害を受けながらも、自由を尊重する教育の普及に努め、後年、研究者によってその生涯や彼の教育哲学が明らかにされるようになった。

私はこの事実を知って、差別に敢然に闘って生きた教育者を知った。しかも彼は私の入学した高校の先輩に当たる。しかし、それと同時に私の生きているこの地域に、同和地区があることを知った。それがどこにあるのかは知らなかったが、かつてどこどこの家がそうであったと、母たちが話していたのが記憶に残っている。

子ども時代に、差別感や偏見を持つことは人として許されないことだと教える大切さを、私は藤村の『破戒』を通して学んだ。

（3）朝鮮人との出会い

私は大学生になって、親戚のいる川崎市南部に住むようになった。そこには在日韓国・朝鮮人が大勢住む地区があった。私は彼らと様々な関わりを持つようになり、そこに住む人々の生活を知った。在日韓国・朝鮮人の人たちとの日常的な触れ合いの中から、彼らがどのような経緯で日本に居住するようになったのか、そして今も厳然として存在する民族差別の実態を知るようになった。

川崎市南部の京浜工業地帯に隣接したその地区は、煤煙、騒音、排気ガスであふれ、未舗装の入り組んだ小路、密集した住宅、不完全な下水道など、都市基盤が劣悪だった。生活保護の世帯が多く住む地域であり、在日韓国・朝鮮人の多住地区でもあった。掘っ立て小屋のような家がひしめき、迷路のようになっていた。ある家のドアかと思うとトイレだったり、小さな広場の真ん中に水道管があり、それがその地区唯一の水道であることを知った。そこは日本鋼管の跡地であった。ここに居住する人々は、日本の朝鮮植民地政策の中、祖国で生活できなくなって日本に働きに来た人たちや、強制連行によって日本に居住を余儀なくされた人たちや、その二世たちであった。

私はキリスト教会に行くようになって、韓国の教会の人たちと知り合うようになったが、私たち日本人に対する一世の人たちの強い非難の口調に驚いた。「お前たち日本人は、我々に何をしたのか」という糾弾に対して、頭を下げるしかなかった。日本の国家的な犯罪によって、人としての生き方を蔑ろにされ、忍従の苦悩を押しつけられた人々の訴えであった。戦後になっても在日の置かれている地位は変わらず、社会的な差別と行政的な対応の欠如によって、二流市民の地位は変わることはなかった。

在日の人々は不誠実で不公平な日本社会に対して、様々な形で権利のための闘争を始めた。指紋押捺拒否運動、就職差別裁判、金融会社の融資拒否、また教育権をめぐる戦いが始まった。

戦後15年が経過しても、在日の子どもたちが小学校に入学する際には、日本人の保証人を立てなければならない状況であった。そこには市民の権利はなく、犯罪予備軍としての扱いであった。それは当時の川崎市のみならず、日本社会における外国人の人権状況を端的に示すものでもあった。

私は在日韓国・朝鮮人の人びとが、民族につらい歴史を負わせた日本の中で、なお残る差別や偏見によって苦しんで生きている姿を見てきた。ある人はいつも昼間から酔っ払って私たちの教会を訪ねてきた。彼のことを誰かがこう言っているのを聞いた。「日本のための戦争に行って右手を失い、戦後になって日本人なら補償が出るのに朝鮮人には出ない。すっかり生きる気力を失って酒浸りになっている」。そのことを知った私は、それが私自身の生まれる前の出来事ではあるけれども、すべての日本人が背負うべき、日本民族が犯した重い罪だと受け止めるようになった。

就職差別裁判は、日立製作所に就職が決まった韓国籍の青年が、日本名で就職試験を受けて合格したが、その後韓国人であることを理由に就職を拒否されるという出来事であった。私の教会は隣の韓国教会との親しい関係もあってこの裁判を支援した。それと私には支援した理由がもう一つあった。その青年の奥さんになった人が、私の高校の後輩であったこと、またその裁判の弁護士が高校の先輩であったことも関係している。

韓国・朝鮮人差別は歴史認識の問題といわれるが、被害者の立場から何が真実なのかを知ることが大切であろう。私は、在日一世の人たちの涙ながらの糾弾の前に立った者として、この問題を看過できない。

差別感情は幼い時期に形成される。それを正す者がいなければ心の奥底に自然なこととして植え付けられ、それは何かの機会に一気に吹き出す。社会道徳とは、人に迷惑をかけないことであるが、人を偏り見たり差別したり、排除してはいけないことは、すべての人の心に置くべきものであろう。それは「日本人の誇り」の前に、「人間としての誇り」があるべきと思うからである。

私は自身が病弱であり、吃音であり、人と上手に関わることが不得手な人間として、子ども時代を過ごした。今日の言葉で言えば、「注意欠陥多動性障害」と言えるのだろう。だからこそ、差別や排除を敏感に感じ取る人間として育っていったのではないかと思う。

2　教師として生きて

私は最初から教師を選んだのではなかった。大学卒業後は石油会社に入社し、営業の仕事を3年間続けた。輸入課という部署で、私が主に担当したのは原油船の傭船・配船であった。当時はVLCCと呼ばれるマンモスタンカーに積んだ原油を自社の石油精製所に届けるためにタンカーを雇い、他社との原油交換によって原油備蓄を安定させるという仕事であった。営業であるため、石油会社はもちろん船会社、商事会社、船関係の代理店等多くの人たちとの日常的な交際が求められた。人とのつきあいが得意ではなく、酒の飲めない私には天職とは思えなかった。私の近しい人たちは、皆洗練された雰囲気を持ち、自信にあふれた人びとに思えた。私が通っていた教会にいる貧しさに苦しむ人びとの世界とは全く異なるものであった。夜は銀座や赤坂のクラブに誘われ、休日にはゴルフにという社用族には到底なりきれない自分があった。夜は哲学書や神学書を読むことに楽しみを感じていた私には、日本経済を背負って生きる「オイルマン」にはなれなかった。結局3年で会社を辞し、大学に入り直した。牧師になるためであった。だが、貧しさに苦しむ人びとの教会の牧師になるためには、職業的自立が必要と考えた。私は教師になろうと思った。

私は教会の伝道師になると同時に、中学校の社会科教師になった。以来、教師と伝道師の二足のわらじを履いて生きてきた。社会科の教師は数年で辞め、特殊学校の教師になった。小学校の時の担任のようになろうと思ったことと、教会の様々な苦しむ人々と私は関わり、障害や不登校など支援を必要とする子どもたちの教師になりたいと思うようになったからである。それは青年時代の理想主義とも言えるものではなかったか。

だが、理想を掲げて飛び込んだ障害児教育の世界は、そんなものが通用するようなところではなかった。差別と偏見に満ちた世界の中で、自分もいつそちら側に陥っていくか分からないような状況であった。

私が特殊学級を通して見てきた教育界について話そうと思う。

（1）中学校特殊学級

私が赴任した中学校の校長が、面接の席で「これをよく読んでおくように」と渡されたものがある。それは特殊学級開設のしおりであった。川崎市内で4番目にできた特殊学級の開設に当たってその目的を綴ったものであり、私が赴任する20年ほど前に作成されたものであった。私はそれを読んで文字通り仰天した。パンフレットの表紙に大きめな文字で、「特殊学級開設に向けて」と書かれている。その下にはやや小さな文字でこのような文字が載っている。「価値のない者へ愛を」。私はこのような文書が昭和30年代に作られたことより、このようなものを20年後まで大切に保管している管理職の人権感覚に驚いたのだ。それから私の戦いは始まった。

障害者の権利獲得のための運動は、自身の人間の尊厳を賭けた戦いであったと言われる。それは障害者への偏見や差別の実態を明らかにして、そのための政策や制度の変革を求めるに留まらず、障害者の社会的存在の意義を明確にすることによって、社会全体の在り方を根本的に問い直すものであった。社会に合わせる生き方から自分たちの生き方によって社会を変えることを目指した戦いであったからである。障害者の戦いの歴史は、そのまま障害児教育の歴史と重なっている。なぜなら、障害児教育の歴史もまた、教育界における市民権を得る戦いであった。それは一握りの先達者が戦って勝ち取ってきた歴史なのだ。そのことはよほど自覚的に生きていないと、安逸な教師生活になる可能性が高いことを示していた。そして、そのことを実感する機会が毎日のように起こった。

私は特殊学級に通う生徒たちの担任となり、教室では楽しい授業を心がけ、生徒との心の触れ合いに充実感のある日々を送った。だが、教室を一歩でれば、生徒たちに対する差別やいじめが、そして特殊学級に対するあからさまな偏見があった。生徒たちが馬鹿にされ、いじめられ、教室に配布物が届かない、そのような事が何度も起こっていた。

私は世の中にある差別や排除に敏感な人間だった。何としてもこの状況を変えたいと思った。

私はそのような学校のあり方を変えることを目指して、何点かの課題に取り組んだ。まず、学級の様子を全職員に伝えていくことである。職員会議はもとより、朝の打ち合わせでも多く発言することを心がけた。特殊学級に関心を持ってもらうためである。学級の行事には教師を招くことを行った。私がその学校を去り、歓送迎会に参加した席で、校長はこう言った。「先生がいなくなって特殊学級のことで声高に主張する人がいなくなって寂しいと思っている先生が多い」と。あらゆる機会に学級のことを話して理解を求めた方法が、必ずしも教師にとって耳障りの良いものではなかったと思う。しかし、発言し続けることで特殊学級の存在感を示すことがやはり大切だと思っていたのだ。

次に、情緒障害学級をつくって、不登校や緘黙、非行や発達障害等の「学校に適応できない生徒たち」を多く受け入れたことである。障害児教育の手法は、一人ひとりの教育的ニーズに合わせた教育である。この手法が「学校不適応」の生徒たちの指導に役立たないわけがない。そう信じていた私は、担任になって2年目にそのような生徒たちを積極的に受け入れ始めた。初年度は知的障害の生徒4名だけの学級が、3年後に20名。5年後に30名を超える大学級になっていった。

ただし、不登校や非行の生徒たちへの指導は、良い結果ばかりではなかった。夜中遅くまでかけずり回ることも、保護者との関係で苦しむことも、生徒のためとはいえ、徒労に終わることも多々あった。当時の担任は5名であったが、若く体力があるからこそできたことであろう。今で言う「夜回り先生」であった。生徒指導や家庭訪問を繰り返し、帰宅するのは10時を過ぎることはざらであった。

だが、不登校の生徒の登校が定着したり、家庭内の深刻な状況にある生徒が、心を開き担任を頼るようになると、私たちはこの学級をつくって良かったと心から思えるようになった。生徒たちは様々な課題を追って生きているが、その子たちに寄り添うことで、子どもたちが変わっていく、そんな場面をどれだけ見てきただろう。

私たちは11年間に約100名の生徒を指導してきた。教育的ニーズに分類すれば次のようになる。

知的障害	30名
肢体不自由	7名
学習障害	2名
注意欠陥多動性障害	2名
不登校	42名
非　行	22名

このような取り組みに対しては、賛否両論あった。障害児教育の手法で通常の教育のあり方に新たな提言をしたとして高く評価される一方、障害児教育の課題を曖昧にするものであるという批判もあった。不登校の児童生徒の「通級指導教室」のモデルとなったこの取り組みは、障害児教育の新しい可能性を示すものとして、全国に紹介されたこともある。

そしてこのような教育は、現在の支援教育のはしりであると考えられる。障害と非障害を分けず、一人の教育的ニーズのある子どもに焦点を当て、チームアプローチとして支えていく教育は、今日の「神奈川の支援教育」の考え方と繋がっている。

障害を見るのではなく、その子の教育的ニーズに注目して教育をする考え方は、「インクルーシブ教育」のひな形として位置づけられるであろう。

なお、学級経営の特色として、通常の学級に戻した生徒18名、通常の学級に在籍したまま指導した生徒が14名いる。これは特殊学級と通常の学級の壁を乗り越えた例であり、これこそがインクルーシブ教育の取り組みである。特殊学級と通常の学級の境界をなくしていき、自由に行き来できる試みであった。

学級の教育的成果は、不登校42名のうち最後まで欠席30日を切ることができなかったのはわずか3名だけであったことに示されている。

(2) 教育委員会

私は11年在職した中学校から、神奈川県立第二教育センターの指導主事として勤めることになった。そこでは教育相談、障害アセスメント、研究などに携わった。さらに、神奈川県教育委員会障害児教育課の課長代理として、教育施策をつくる仕事に関わった。

私はここで初めて「インクルージョン」(inclusion)の理念と出会った。神奈川県福祉部は1984年の福祉総合計画の中で、今後取り組む教育の根幹に「統合教育」を掲げて、障害のある子どもたちと障害のない子どもたちが共に学び合う教育環境を設定する提言を行った。それは、「共に学び共に育つ教育」の推進であり、「共学共育」の標語で知られる神奈川県の特徴を表すものであった。やがて、統合教育は「インクルージョン」の名称に変えられた。今から20年前のことである。

この提言に基づいて、神奈川県では障害児の就学について、本人や保護者の意見を尊重すると言う立場を取り、その結果、普通校に障害児が就学する事例が多く見られた。また、通常の学級に在籍する障害児の支援のための政策も講じるようになった。後に、国が制度化した「通級による指導」の形態である。

私はそのような状況の中で教育行政を担当し、またインクルージョンの理念について学ぶ中で、今までの教育者としての経験から、今後進むべき方向性をそこに見るようになっていった。それは私の生育歴や環境と大きな繋がりがあると考えられた。幼少の頃からの障害児や外国人、教会でのホームレスや貧困者たちとの出会いから、インクルーシブ社会の実現が、私の目標として浮かび上がってきた。

２００1年、文部科学省が、「21世紀の特殊教育のあり方について」の報告書を出したとき、神奈川県はどのような教育にするかの政策が求められた。神奈川県には県独自の理念や伝統がある。それを踏まえて新たな教育政策を策定する必要性があった。たまたまその事務局として担当する立場にあった私は、国の「特別支援教育構想」とは異なる「支援教育構想」を打ち出し、その草案をつくった。国は「特別支援教育」を提言し、従来の障害だけでなく、「学習障害」、「注意欠陥多動性障害」、「高機能自閉症」という発達障害を含めた教育を打ち出した。だが、私の考える教育は、障害や発達障害に限定されないで、様々な課題のある子どもたちの教育的ニーズに合わせた教育であり、多くの専門家が関わり、保護者と連携する教育であり、課題のあるすべての子どもたちを対象とする教育であった。それは「支援教育」と名付けられた。障害や発達障害だけでなく、不登校や非行、外国籍や虐待、中途退学や学力不振など、様々な課題のある子どもたちを学校から排除しないで支えていこうというものであった。根幹にはインクルージョンの理念がある。不登校や中途退学、非行などの課題を本人の問題とするのではなく、そのような子どもたちを学校が排除していることに視点を当てた教育、インクルーシブ教育の考え方である。

この教育は、「神奈川の支援教育」として全国に知られるようになり、私は多くの人たちから意見を求められた。それは２００２年のことであり、その10年後の２０１２年に文部科学省の、「インクルーシブ教育の推進」という報告書の提言を受けて、神奈川県は全国に先駆けてその研究を開始した。現在、「インクルーシブ教育」の推進に向けて、私もその一端を担っている。

（3）神奈川県のモデル校づくり

教師としての私の最後の仕事は、神奈川県のモデル校をつくることであった。全国的に特別支援学校の児童生徒の急増が深刻な課題となっている。国の特別支援教育の推進は、発達障害の子どもたちに焦点を当てた結果、そのような子どもたちが通常の学級から特別支援学級や特別支援学校に集まるようになり、10年前に比べて、特別支援教育を受ける子どもたちは2倍にふくれあがった。その結果が特別支援学校の増設である。毎年のように新設校が創られるだけでなく、行き場所のない高等部の生徒のために、高等学校の空き教室に分教室を作って、そこに生徒たちを受け入れるようになった。今日では20校に分教室がつくられ、700名の高校生がそこで学んでいる。

私が担当した新設校は、2005年、過大規模化を解消すると同時に、新たなミッションをもったモデル校として誕生した。それは今後創設される学校だけでなく、既存の学校のモデルと考えられる学校を意味した。

新設校は、「インクルージョンをめざす学校」として、教育目標に「地域変革」を盛り込んで出発した。従来から考えていた「インクルーシブ社会」の実現を意図したものであるが、同時に、新設校開校にあたって地域の事情が強く影響していた。というのは、新設校の開設準備担当であった私の前に、地域住民の「養護学校建設反対運動」があったからである。私は町内会に出席しては、養護学校の建設の主旨を訴えてきた。だが、住民たちの中には、障害者は犯罪予備軍であり、町の平安が脅かされ、子どもたちの安全が守れないと言って、反対を表明した。教育委員会からは、反対運動は下火になっていると聞いていたが、実際はそうではなかった。反対運動は開校後も続き、初年度の入学式の当日、校門前に大きな車が止められて、通せんぼの状態にされた。開校後に高等部の生徒が、公園のブランコで小さな子どもを抱きかかえている若い母親の髪を掴んで怪我をさせる事故が起こった。大きな怪我ではなかったが、地域の人々が養護学校の子どもたちを地域に出すことを禁じた。謹慎は4ヶ月にわたった。

私は普通の学校であれば地域の人たちに受け入れられることが、障害のある子どもたちにはそれが許されない状況をつぶさに見てきた。だからこそ、インクルーシブな地域社会づくりを、この学校が発信していくことの必要性を思い、教育目標に地域変革を掲げた。そして、地域社会が障害者を受け入れるようになって欲しいと願い、様々な取り組みを開始した。理解しないことが差別や偏見に繋がるとの考えから、学校に地域ボランティアを受け入れ、実際に子どもたちに関わってもらうことを始めた。最初のボランティアは地域にある教会の信者であった。やがて地域の人々がボランティアに参加するようになり、3年後には登録者が300人を超えた。また、地域ネットワークをつくり、様々な団体や個人が参加して、地域の諸問題を皆で考え、支え合う取り組みを開始した。3年後には登録団体は100を越え、月一回、熱気を帯びた会議が続いている。

私は、障害者等の差別や偏見は、理解しないことに原因があると考え、地域の小・中・高校で、「障害理解教育」の出前授業を開始するようにした。児童生徒に障害について話して理解させ、また実際に障害者との触れ合いを経験させるようにした。この取り組みは、校長を退職し、大学の教員になった今も続いている。初年度の入学式は親にとっても晴れやかにものであるのに、それを心ない地域住民によって傷つけられて泣き崩れた保護者の心境を思うとき、退職後はもう関係ないとはどうしても思えず、「障害理解教育」の出前授業は、私のライフワークになっていった。

新設校の目玉は「インクルージョン」をめざす取り組みだけではない。全国初の芸術コースを設置した学校である。私は長く障害児教育に取り組んできて、言葉のない子どもや上手に表現できない子どもを多く見てきた。中学校では言葉のない障害児や緘黙の生徒を指導したが、言葉の代わりに表現する力の育成を心がけた。そこで取り組んだ手芸や音楽の授業が、生徒には極めて有効であることを学んだ。芸術活動は教育の基本であることを教育学者は語っているが、それはむしろ障害児にとってこそ深い意味を持っている。

私は高等部に芸術コースを設置して、音楽グループと美術グループを立ち上げた。この全国初の芸術コースに賛同してくれたのが、国際的なバイオリニスト五嶋みどりさんである。音楽グループの指導に、芸大の学生ボランティアの参加と楽器の貸与を申し出てくれて、週２日の器楽活動が始まった。バイオリンとフルートの器楽演奏は、障害が決して軽くはない子どもたちにどこまでできるのかと案じられたが、半年後に彼らは校内演奏会を行い、一年後には施設での演奏や、「エイブルコンサート」を地域の大きな会場で開催するまでになった。

この取り組みは、２０１４年11月に放映された「プロフェッショナル」で五嶋みどりさんが取り上げられ、前代未聞の障害者の演奏会がサントリーホールで開催された。

美術コースは作品を製品として販売する活動になり、地域の商店街のエコバッグの図案づくりとなった。やがて、全国で「アウトサイダーアート」が取り上げられるようになると、横浜の美術館から出展を求められ、美術品として展示されるようになった。芸術コースの取り組みは、演奏会や製品化、美術館出展という他者の評価を前提とするものとなった。そのことがどれほど彼らに自信と勇気を与えたであろうか。肢体不自由の生徒がバイオリンの弦を曲の間、離さずに引き続けることが、彼女の過去を知るものからは「ミラクル」という言葉で賞賛された。

かつて、神奈川県のモデル校には多くの見学者で来校した。中には文部科学省や厚生労働省の担当者がいたが、彼らは、私たちに「障害者に芸術活動は必要か」と、問うた。障害者に芸術活動は相応しくないという固定観念がそこにはある。しかし、障害者にこそ芸術活動が必要なのだ。「芸術は障害を越える」、そのことを現場にいる者は知っている。芸術活動こそ、インクルーシブ教育の根幹に置かれるものなのだ。

3　桜本教会の取り組み

次章で詳しく述べるが、桜本教会はインクルーシブ教会をめざしている。この世で苦しむ人びとと共に生きる教会づくりを進めてきた。だが、それは平坦な道ではなかった。ホームレス支援活動を開始した当初、私たちは地域住民の強い反対にあった。ホームレスを集める教会は地域から出ていくようにという町内会の決議もあった。町の有力者や政治家がホームレスの危険性を論じては、教会の支援活動を牽制した。嫌がらせや苦情も続いた。そのような地域の人々に理解してもらうことが必要だった。ホームレスを知らないから、差別や偏見、排除ということが起こる。私たちは地域の人々に理解を求める活動を始めた。まずは町内会や地域教育懇談会でホームレスの人たちを理解してもらうことに努めた。ホームレスの人々の中に多くの障害者がいること、若くしてホームレスになる人もいること、気の毒な生い立ちから人間関係が持てないまま、ホームレスになってしまうこと、様々な事例を挙げて説明した。

さらに、教会内ではホームレスの人々が地域で問題を起こさないように、自覚を求めること等を訴えることも必要だった。教会へ飲んできては暴れるような乱暴者、グループ間抗争、お金を巡るトラブルなどがあった。教会や地域に迷惑をかけないことを、繰り返し語り続けた。とりわけ、教会では仲間として支え合って生きることをめざした。やがて配慮する人たちではなく、仲間として生きる集団に変わっていった。

支援活動は20年を越え、地域の人々が惣菜や衣類の差し入れ、仕事の斡旋などをして、支援する側に変わってきている。

知らないことが差別や偏見を生み、それが大きく喧伝されて世評となっていく。私は何より理解することの大切さを学んできた。理解すること、対話を続けること、仲間に取り込んでいくことが、インクルーシブ社会の実現に向けて不可欠なことであると考えるようになった。

私のインクルージョンとの出会いは、障害児だけでなく、社会の中で弾き出されている人々との出会いの中で、確実なものとなってきた。教育におけるインクルーシブ教育とソーシャルインクルージョン、さらに教会におけるインクルージョンの三者が、私のインクルージョンの根底にある。

4　インクルージョンとは何か

インクルージョンとは、どのような違いであれ、それを理由として排除するのではなく、お互いが受け入れ合い支え合って生きる共生の理念である。北欧の福祉哲学から生まれた「排除しない社会の理念」は、多くの国や機関が賛同し推奨している。

元々は高齢者の問題から出発した共生の理念は、福祉分野に留まらず教育においても、また社会のあり方についても目指すべき世界の潮流となりつつある。日本では教育問題として障害児と健常児の分離した教育を一体化した取り組みとして知られているが、社会的排除に関わるすべての事象でこの理念が優先すべきものとなる。

日本では最初に福祉分野でインクルージョンが取り上げられた。神奈川県福祉部では、30年ほど前に今後の福祉のあり方の中心としてインクルージョンが紹介された。だが、今日に至るまで障害児教育の課題としてインクルージョンが取り上げられることが多かった。それは長く障害児教育の分野では、障害のある子どもと健常の子どもとの教育のあり方を巡って、統合教育（インテグレーション）が大きな議論となっていたからである。

統合教育は、障害のある子どもたちを通常の学校に入れることによって、差別のない教育環境を実現することを目指した運動論であった。端的に言えば、ある種のイデオロギーであり、絶対の正義がそこに存在すると考えられていた。そのため、運動家たちは強く自説を主張した。そこでは場や時間の統合が強調され、健常の子どもたちと異なる場所や教育内容は差別であると断定された。それは障害者への差別や排除への怒りから始まったものであった。

このような統合教育の運動に対して、インクルージョン（包み込み）は、そもそも人を障害と健常に二分できるのかという人間観から出発している。これは障害者の側からの統合教育とは別に、教育や福祉の根底にある人間哲学から始まっている。

インクルージョンの意味するところをまとめると次のようになる。

> インクルージョンとは、様々なニーズのある人々を包み込み、支えあう社会のあり方を指すものである。教育におけるインクルーシブ教育は、社会的インクルージョンの一面である。民族、言語、宗教、性別、障害などの理由で排除（イクスクルージョン）するのではなく、子どもの個別ニーズに合わせた愛情豊かな教育を目指し、一人ひとりの違いを祝福し歓迎する価値観に基づいている。

ソーシャルインクルージョンの視点からは、「排除」「差別」「偏見」と見られ従来の「排除事象」への反省を基に、共に支え合う共生社会づくりを実践する理念となる。

インクルージョンは「包み込み」とか「一体化」などと訳されるが、反対概念のイクスクルージョンを見れば、その意味するところは明らかである。すなわち、「排除しないこと」だ。教育の分野では、障害など様々なニーズがあろうとも、弾き出さないで一緒にやっていくことを目指す。

社会全体のことで言えば、障害者、高齢者、外国人、ホームレス、貧困家庭、犯罪者などを壁を作って外に追い出すのではなく、お互いが理解し合い助け合うことを目指すことである。障害について言えば、インクルーシブな社会の到来と共に「障害」「障害者」という言葉そのものがなくなる社会だと言われる。障害者と特化して見ていくのではなく、自然に支え合う意識や仕組みが出来上がっていて、特別な対応を必要としない社会になる。

そもそもインクルーシブな社会では、障害者と健常者という境界線は引けず、障害は健常とは明確に区別されない。人はすべて障害者という認識がそこにある。

教育史上最も有名なサラマンカ宣言（１９９４年）では次のように言われている。

〈サラマンカ宣言〉

①どのような子どもであれ、教育を受ける基本的な権利を持ち、満足のいく学習水準を達成・維持する機会が与えられるべきである。
②すべての子どもは他の人にはない特徴、関心、能力と学習ニーズを持っている。
③そのような個々の特徴やニーズを考慮して教育システムを構築し、教育実践を行うべきである。
④通常の学校は特別な教育的ニーズを持つ子どもたちに対して開かれていなくてはならず、個々のニーズに対応できるように子どもを中心にした教育の実践や配慮がなされるべきである。
⑤インクルージョンの理念を持った学校は、差別的態度と戦い、すべての人を喜んで受け入れる地域社会を築き上げ、万人のための学校達成する。さらに大多数の子どもたちに効果的な教育を提供し、究極的には費用対効果を高めるものとなる。

このサラマンカ宣言は、インクルーシブ教育宣言であり、ユネスコ、ＥＵ、国連が積極的に支持し推進しているものである。

教育界では日本の文部科学省が２０１２年７月に、「共生社会に向けたインクルーシブ教育システム構築のための特別支援教育の推進」の報告書が出され、今後の教育のあり方が示されている。

教育や福祉の特別の領域のことではなく、社会全体が境界線や枠を作ってそこから弾き出すことをやめることが求められている。教育や学校をキリスト教や教会に置きかえてみれば良い。初期のキリスト教は聖書にもとづいて、苦しむ人々を積極的に迎え入れ、教会を形成してきた。インクルージョンの理念とは、そもそもキリストの言動やそれを記した聖書の中に明白に示されている。

だが、長いキリスト教の歴史の中では、境界線をつくって、苦しむ人びとを枠の外に弾き出してきた現実がある。もう一度、聖書にもとづいてキリスト教や教会が大きく変わることが望まれているのではないか。

私はインクルージョン思想は本来は聖書に根ざしたものであり、キリスト教の歴史や教会の中で実践されてきたと考えている。だが、同時に「イクスクルージョン」（排除）もまた、キリスト教や教会の大きな伝統であったといわざるをえないと思っている。

インクルージョンの視座から、もう一度キリスト教や教会のあり方を探ってみたいと考えたのが、この本を著す理由である。

第3章　インクルーシブ神学

1　マイノリティーの視点からみるキリスト教

フスト・ゴンサレスの名著『キリスト教史』は私たちに大きな示唆を与えている。彼の思考の特長は「マイノリティーの視点」である。彼自身、国民の大半がカトリックであるキューバの生まれでプロテスタントとして育ってきた。そのため彼は常にマイノリティーを意識し、マイノリティーを肯定的に受け止める思考に徹してきた。その視点から書かれるキリスト教史は、キリスト教主流派ではなく、またキリスト教勝利主義でもない視点から描かれる。例えば十字軍を扱う場合にも、キリスト教側からの評価だけではなく、イスラム教の視点から、すなわちキリスト教は世界の一宗教としての十字軍という観点がそこにはある。ゴンサレスは言う、十字軍のもたらしたものは、イスラムとキリスト教の相互不信と敵意であると。決して正統主義の言うような「十字軍の成功と失敗」として見てはいない。

このような、主流のキリスト教理解とは異なる思考が随所に示されている。伝統的なキリスト教が常に欧米のキリスト教であるという枠を破って、特にかつてキリスト教国から見れば地の果てであった南米やアフリカのキリスト教会の発展とその思想を学ぶべきだと主張する。

ゴンサレスは欧米の旧キリスト教国の非キリスト教が進み、１９００年には全キリスト教徒の約50パーセントがヨーロッパ圏であったが、１９８５年には約28パーセントまでに落ち込んでいることとを指摘する。また、１９００年はキリスト教徒の約81パーセントが白人であったのに対して、２０００年には40パーセントであり、それは欧米のキリスト教の終焉を意味していると言う。

かつて「地の果ての宣教」と言われていたラテンアメリカやアフリカがキリスト教国として、自分たちに福音をもたらした人々の子孫に対して信仰の証をする時代になっていると指摘する。

日本の教会は長く欧米のキリスト教から多くを学び、多くを取り入れてきた。だが、ゴンサレスが指摘するようにマイノリティーの視点からキリスト教史を見るときに、キリスト教正統主義やキリスト教勝利主義の視点にはないものが見えてくる。

アメリカの黒人差別にキリスト教会が深く関わっていたことや、ナチ時代のドイツでユダヤ人や障害者の虐殺を黙過した教会があったこと、また太平洋戦争中にアメリカ在住の日本人が強制収容され財産を没収されたことに教会が一役買っていた事実も、今日では明らかにされている。キリスト教会は決して正義と公正の推進者ではなく、神の名の下に苦しむ人々を追いやってきた歴史を知るべきである。

そのような欧米の正統主義神学や教会組織を導入した日本のキリスト教は、マイノリティーの視点が欠如していたのは明白であり、障害者や外国人、ホームレスや貧しい人々への関心が欠ける教会形成になっていた。

第3章で見たように信仰の個人主義が日本のキリスト教の伝統であり、それは個人主義の前提となる富裕層に属するエリートの人々の教会になっていった。「信仰のわれら性」は教会の中心とはなり得なかった。日本のキリスト教が大きな教勢に至らなかったのは、何よりも民衆の宗教にならなかったからである。苦しむ人々の支えとならなかったキリスト教は、欧米のキリスト教と同様に滅亡の危機を迎えている。それは日本でのキリスト教受容は、信仰としてよりも教養として受容してきたことに由来する。旧士族階級の知識層がその受容を担ってきた経緯がそれを示している。それは現代にも引き継がれている。

一方で、ラテンアメリカやアフリカでは、生きる希望として貧しく苦しむ人々の宗教として発展してきている。豊かになった欧米や日本では、キリスト教は時代遅れの非科学的な宗教として片隅に追いやられている。

キリスト教は元々貧しく苦しむ人々の宗教であった。聖書を見れば一目瞭然である。このような視点からキリスト教の宣教は行われるべきであった。豊かな社会となった日本には貧しさに目を向けた教会が存在している。ここにはキリスト教の発展は期待できない。

だが、聖書に示されるように、キリスト教とはマイノリティーの宗教であり、貧しく苦しむ人々の教会であることに立ち返れば、宣教の希望は見えてくる。長く勝利者の宗教として位置づけられてきたキリスト教が、聖書の原点に返るときに、私たちのなすべき視点が見えてくる。

2　聖書の示す人間像

神は人間を創造された。バルトによればこのことは二つのことを意味している。

一つは、人間の創造とは、創造主である神に責任を負う存在としてつくられたことである。それは神の契約相手として創造され、神への応答が求められているということである。もう一つは、神との契約関係に生きることは、他の人間との関係も出会いにおける存在として責任を負うものだということである。このように人間の持つ人間性は、本性的に連帯的人間性であるという結論になる。

創世記2章18節の「人が一人でいることは良くない。彼に合う助ける者を造ろう」の助ける者とは、「彼に差し向かう者である助け手を造ろう」の意であり、この「差し向かい」こそが、「神の似姿」なのだとバルトは言う。

単なる助け手ではなく、向かい合う存在であるという。この神に差し向かって造られた者は、同時に隣人として造られた女とも差し向かう存在である。男と女の創造は、ただ単に異性として支え合うことを意味しているだけでない。隣人に向かい合う者として造られた人間は、他者を肯定し、他者を励ます存在なのだ。（バルト『教会教義学』）

今日の「共生的人間」とは、お互いが理解し合い、助け合い、支え合う人間存在を示している。だが、キリスト教では、単に助け合う存在ではなく、お互いが差し向かう存在であるといわれる。人間的な地平での支え合いではなく、神との差し向かう存在がその前に置かれている。この垂直的な関係性が、人間社会の「共生的人間像」に深いくさびを打ち込んでいる。

さらに、人間は孤独な存在ではない。神の契約相手としての人間は、神の呼びかけに応答する者として造られている。同時に隣人に対して、応答を求められている。神は人を求められる。人はその求めに応ずるように、予め造られているのだ。人は一人の者として生まれてきたのではない。二人で一人の人間として生まれてきたのだ。

私は障害者との関わりの中でこのことを身をもって学んだが、二つの事例を挙げよう。

(1) 二人で一人の人間

自閉症の男性は、今から26年前に洗礼を受けて信徒になった。養護学校高等部を卒業後に通所の作業所に自宅から通い、日曜日に礼拝にやってくる。重度の知的障害があり、神奈川県では4段階の療育手帳（障害手帳）の中で最重度の「A―1」判定である。こちらの指示はある程度理解できるが、自分から話すことはない。自閉症特有のこだわりや独語があり、コミュニケーションの障害があって、自分から関わろうとすることはない。

読字能力がないので、聖書を読んだり賛美歌を歌うことができない。ところがある日、賛美歌の歌詞の一節を教えると正確に声に出して歌えることが分かった。短期記憶力は自閉症の優れた特長の一つである。そこで礼拝で歌う賛美歌では、歌詞を一節ずつ教えながら歌うようにした。音階は全く取れないので奇妙な歌声ではあるが、これが彼の賛美であることを私たちは知った。

だが、彼に歌詞を教えながらなので、私は賛美歌を大きな声で歌うことができない。これは随分欲求不満であった。しかし、その時、人間の創造の秘儀を知らされたのだ。神は二人で一人の人間をお造りになったのだと。私は読み手として、彼は歌い手として、正しく二人で一人の役割をしている。神の人間の創造の意味をこのとき明確に知らされたのだ。助け合い支え合う人間、それこそが神の創造の意図なのだと。

彼と二人で讃美歌を歌う。時には彼の呼吸や鼓動を感じながら、時には歌っている彼の唾液がかかることもある。ときどき私を見てニヤッと笑うこともある。目を合わせない自閉症の彼が、私の心と一つになる瞬間である。神は確かに二人で一人の人間をお造りになったのだ。

（2）差し向かいで生きる人間

重度障害者との関わりの中からこのことを学んだ。私は障害児教育に長く関わったが、知的に軽度の子どもたちの指導が中心であった。新設校の校長として赴任したとき、教育委員会にいた当時の同僚から、校長になったら最重度の子どもたちをいつも心にかけて欲しいと言われた。それは重度の子どもたちに関心を向けることで、教員も保護者も校長の姿勢に安心感を得るからだという。私は新設校の医療的ケアを必要とする重度の肢体不自由の子どもたちの教室に毎朝通った。

最重度と言われる子どもたちの中には、身体能力でもコミュニケーション能力でも他者と関係を取ることの困難な子どもたちがいた。だが、担任は言葉のない子どもたちのわずかな動き、顔の表情や時々上げる声の様子から、その子が何を望み、何を訴えているかを読み取っていく。ほとんど寝たきり状態で、サインと言えるものは何もないその状況で、意思を読み取るのだ。教師たちはその子の目をじっと見つめて、様々な声かけをする。それに対する反応を正確に読み切っていく。それはプロの技術であった。私は何年もこの子たちと関わり、何を言わんとしているのかを読み取ろうとした。何回かはこれだと思えるものもあったが、プロの技を身につけるまでには至らず退職となった。

言葉も動きもない子どもたちとコミュニケーションを取る秘訣は、じっと目を合わせること、言葉がけを必ず聞いている、分かっていると確信を持って行うこと、できるようになることを信じること、それが差し向かうことであることを知った。それは相手の存在の奥底まで迫ることである。言葉やジェスチャー、サインによる意思表示のできない子どもたちの意思は何か。それを読み取ることは、顔と顔を合わせ、目を見つめ、息づかいや心臓の鼓動を聞きながら、うめきや喃語の発声や小さな表情の変化、わずかな身体の動きが何を意味するかを模索することである。

教育では教師が子どもと向き合うことの大切さが語られる。家庭では親子の向かい合いが勧められる。真正面から向き合うことで人と人との関係が生まれる。だが、障害のある子どもと向き合うことは、ただの向き合いではない。言葉やサインという意思伝達手段のない子どもたちには、相手の心に自分の心を差し入れていくことで初めて伝わってくるものがあるのだ。

ドイツ語の「Gegenüber」を「差し向かい」と訳すが、真正面から相手の心に切り込んでいくのが、「差し向かい」である。沈黙の相手、何を求めているかが良く理解できない相手に対して、相手の心の奥底に差し込んでその意図を探る。それが「差し向かい」なのだ。神は何を求めておられるのか、神の御心を探ることが差し向かうことである。私たち人間が神に応答（Antwort）することが「責任応答性（Verantwortlichkeit）」であり、神の呼びかけに全責任を持って応えていくという意味である。これは、創った方の呼びかけに対する創られた者の態度である。

私は、表出手段のない重度障害児の声を聞き続けることが、「差し向かい」であり、「責任応答性」であることを学んだ。

3　聖書におけるインクルージョン思想

キリスト教は二千年の歴史を持つ宗教である。しかし、その基盤としてのユダヤ教の歴史を含めれば、人類史上最も強い影響を後世に与えた宗教である。それは単に宗教に限定されないで、文化、政治、経済など多方面できわめて大きな影響を与え続けている宗教である。その宗教的概要を様々な神学者や哲学者が、それぞれの知見を基にキリスト教の真理について述べている。キリスト教を概括できる概念が種々にあること自体、軸足を一つに限定されない宗教であることを示している。

最もわかりやすいのは、「愛の宗教」という考え方である。イエス・キリストが福音書の中でその生涯を通じて私たちに示していることは、そしてまた私たちに語ることは、徹底した愛の姿である。「友のために自分の命を捨てること、これ以上に大きな愛はない」と語るキリストは、さらに「敵を愛し、あなたを憎む者に親切にしなさい」という「汝の敵を愛せよ」との教えを弟子たちに伝えた。家族や友だけではなく、あなたを殺そうとする者を愛しなさいと説いた。キリスト教徒が、あるいはキリスト教国がそのように生きているか、そのような国のあり方になっているかはきわめて疑問であるが、キリスト教は「愛の宗教」として知られている。

一方で、「解放の宗教」、「自由の宗教」としての面を持っている。出エジプト記に見られるように、奴隷状態にあったユダヤ民族を解放し、約束の地へと導く神の意志は、自由を得させる神のイメージが強い。この奴隷からの自由のイメージは、本来、罪の奴隷であった人間が、キリストの救いによって罪からの解放に重点が置かれていることを示しているが、一般的には現実的に社会的な隷属状況からの自由を意味することがより強いイメージとして示されている。それは人権宣言や独立運動の精神的なバックボーンとして知られている。「自由のための戦い」は最もわかりやすい概念である。映画も小説もこの観点から描かれることが多い。

キリスト教は「愛の宗教」であり「解放の宗教」であると言われるが、人類の歴史において事実その通りであったということではない。むしろ、憎む者をいたぶり、奴隷状態の人たちを蔑ろにしてきた事実は至るところで見られる。聖書に示されていることと、世界宗教となったキリスト教との間には、信じがたい乖離がある。キリスト教がかつてのような人々の生活の糧となり、生きるための指針であった時代が終わりを告げようとしているのは、科学技術の進歩によって信仰が「科学的に証明できない迷信」だと見なされるようになったことが原因ではない。むしろ、キリスト教が本来持っている使信とは異なる方向を見せていることが大きな要因であろう。

私は「インクルージョン」を追い求めて生きてきた。聖書の使信をインクルージョンの視点から読み込むと何が見えてくるのか。むしろ、インクルージョンの視点から聖書を読むことが求められているのではないか。

「インクルージョンの神学」とは、聖書に示されている事柄をインクルージョンの視点で読み解くものである。社会における差別・偏見、そして排除の超克としての見方である。私は、特に旧約聖書に示されるユダヤ民族の歴史と新約聖書の使徒言行録について、その内容をインクルージョンの視点から触れてみたい。

(1) 異邦人

ユダヤ民族は神に選ばれた特別の存在、すなわち「選民思想」をその歴史の中心に置いている。他の民族とはその出自から違っていて、神による特別な恩恵を受けたものとされている。特別な民族は他の民族を隔てるための「律法」が存在する。神の律法を守る者が選ばれた民に相応しいものとなる。この律法遵守において、ユダヤ民族は他の民族との違いを鮮明にする。律法を持たない他民族は、「異邦の民」として低いものとされている。この故に異邦人を蔑み、排除するのがユダヤ民族である。

ところがユダヤ民族の歴史の中で、この異邦人に重要な役割を与え、民族の礎とされている者も聖書の中に多く登場する。まして、男尊女卑の社会にあって、一段と低められた女性、しかも遊女がユダヤ民族の歴史上重要な役割を果たした例もある。ヨシュア記に登場するラハブである。モーセの後継者であったヨシュアは、神の命に従ってエリコの町を攻め取ろうとする。だが堅固な城壁に守られたエリコの町は容易に陥落しない。そこで斥候を町に潜入させるが、その手引きをしたのがラハブであった。誇り高きユダヤ民族からすれば、異邦人であり、女性であり、遊女であるという、本来であれば歯牙にもかけない者が神によって選ばれて、神の計画の中に入れられたのである。排除されるべき者が、歴史的人物になる。ここにインクルージョンの事例が示されている。

ユダヤ民族が王制国家となる前に登場するのが、士師と呼ばれる人たちである。ヨシュアの死後、他民族の侵略を受けたユダヤ民族を歴代の英雄が救済のために立ち上がる。彼らは「士師」という民族の指導者である。この時代に一人の異邦人の女が登場する。名をルツという。ユダヤ人であるエリメレクとその妻ナオミは、二人の息子を連れて異邦の地モアブに行く。飢饉のためであった。息子たちはモアブの女を妻とした。やがてナオミの夫、そして二人の息子も死んで、ナオミはユダの地に帰ろうとした。死んだ息子の妻であるルツは、彼女に自国の民と生きるように勧める姑に寄り添って同行する決意をした。姑に仕えて生きる決心をした異邦人ルツは、やがてユダの地で新たな夫ボアズを得るという結末を迎える。ルツの産んだ子はオベドと名付けられた。オベドからエッサイが、エッサイからダビデが生まれた。イエス・キリストはダビデの子孫とされていて、その系図がマタイによる福音書の冒頭に記載されている。

このイエス・キリストの系図に異邦人であるルツが登場している。遊女ラハブも同様に系図に記載されているが、このラハブからルツの夫であるボアズが生まれている。

こうしたキリストの系図を見るとき、頑なな選民思想による異邦人への排他的な扱いをしてきたユダヤ民族の中に、本来あるべきではない異邦人が重要な役割を果たすために登場していることが分かる。これはインクルージョンの事例とみることができる。

使徒言行録はキリスト教徒となったペテロやパウロが、キリスト教の宣教を行ったことを記したものである。使徒言行録の作者は、ルカによる福音書を著した医師のルカである。彼はユダヤ人ではなくギリシャ人である。ユダヤ民族でないルカは異邦人を排除しようとする思いとは無関係であった。

初代キリスト教会には、ユダヤ教の教えから抜け出せない人々が多くいた。厳格な律法を守ろうとするユダヤ教の教えを、キリスト教会の中でも強く主張する人々である。例えば、レビ記や申命記に記された食物規定をそのままキリスト教会でも守ろうとしたり、異邦人をあからさまに蔑む人々もいた。しかし結果的にはそのようなユダヤ教からの脱却が、むしろ世界宗教への道を開くことになり、使徒パウロとその同行者であるルカは、積極的に異邦人伝道の道を進むことになる。

聖書は、誕生したばかりの初代教会には、このユダヤ人キリスト者と異邦人キリスト者の争いがあったことを示している。選民思想に教育を受けたユダヤ人にとって、異邦人は本来救いの対象ではないものとの思いが強かったのだろう。両者の対立は日々の食料や生活用品の分配を巡って大きな混乱に至った。そこで十二使徒は教会の執事を7名選び、その任に当たらせた。選ばれた7名は全員がギリシャ人をはじめとする異邦人であった。このことは神の救いの絶対条件であるユダヤ人という民族性を超えて、新たな同胞の出現を意味している。ユダヤ人、異邦人という境界線を越えたインクルーシブな世界ができたことである。

それは福音書の中に見られるイエスの言動に基づいたものであることがわかる。キリストは異邦人を排他的には見ない。異邦人である者たちとの食事や交わりの中で、神の救いは異邦人にも及ぶことを示している。

(2) 徴税人・罪人

当時のユダヤはローマ帝国の植民地であった。徴税人とはローマ帝国への税金を徴収する官吏であり、当時の人々からは毛嫌いされた職業であった。なぜなら税金は異邦人であるローマ人の皇帝に献げられるものであり、選民思想を根底に持つユダヤ民族には耐えがたい屈辱だったからである。ローマ帝国の手先と見られた徴税人は民族からあからさまな侮蔑の対象であった。さらに徴税人の中には、貧しい人々から税金を取り立て、私腹を肥やす者もいて、職業そのものが卑しいとされていた。

聖書に登場する罪人とは、いわゆる人殺しや窃盗をする犯罪者というよりは、貧しさのために神の律法を守ることのできない人たちを指している。例えば全収入の十分の一を献金するとか、安息日には働かないなどの律法があるが、貧しさの故にその律法が守れない人々は「罪人」と呼ばれた。当時の神殿娼婦であった遊女もまた罪人であった。そうした人々が、ユダヤ人社会の中でいかに差別と偏見にさらされ、排除されていたかが聖書の中に如実に出てくる。

ザアカイという徴税人の頭は、有名になっていたイエスを一目見たくて木の上に登った。民衆の群れの中に入ることはできなかったからである。人々の憎しみと蔑みを受けるザアカイは、自分には、人々が救い主と信じるイエスのもとに行くだけの資格がないと思っていたのだろう。そのザアカイに目をとめたイエスは、ザアカイに木から下りるように、そして今日あなたの家に泊まると言った。聞いた本人も周りの人々も大変驚いた。徴税人は、「罪深い人」の代表だったからである。このような徴税人や罪人をキリストは自ら進んで受け入れ、神の国の福音はこの人たちのものだと言った。ユダヤ人社会の中で律法を守れない罪人やローマ帝国の手先である徴税人を招くイエスに対して、ユダヤ教を信じる人たちが怒りを燃え上がらせ、最後には十字架につけるに至るのは自然のことであった。

当時の社会で誰からも受け入れられずに排除の対象であった徴税人や罪人、その背後にいる多くの貧しい人々を当時の社会規範から解放し、神の前に立つ者とした。このことは差別・偏見そして排除の対象とされた人々を等しく神の民としたことであり、境界線を引かないインクルージョンの事例ではないか。

イエスの言動がすべての人々は等しく神の民であるというインクルージョンの理念に基づくものであることが、聖書には示されている。

（3）障害者・病人

ここでは、聖書に登場する障害者を取り上げてみる。

①盲人（ルカ18章35〜43節）

「イエスがエリコに近づかれたとき、ある盲人が道ばたに座って物乞いをしていた。群衆が通っていくのを耳にして、『これはいったい何事ですか』と尋ねた。『ナザレのイエスのお通りだ』と知らせると、彼は、『ダビデの子イエスよ、私を憐れんでください』と叫んだ。先を行く人々が叱りつけて黙らせようとしたが、ますます、『ダビデの子よ、私を憐れんでください』と叫び続けた。イエスは立ち止まって、盲人がそばに連れてくるように命じられた。彼が近づくと、イエスはお尋ねになった。『何をしてほしいのか。』盲人は、『主よ、目が見えるようになることです』と言った。そこで、イエスは言われた。『見えるようになれ。あなたの信仰があなたを救った。』盲人はたちまち見えるようになり、神をほめたたえながら、イエスに従った。これを見た民衆は、こぞって神を賛美した。」

この箇所は、マタイによる福音書、マルコによる福音書に並行記事として現れる。マルコでは、盲人の名前が「バルティマイ」と記されている。

この物語は、多くの神学者に取り上げられ、様々な解釈がなされている。一般的な解釈は、弟子たちや群衆と比較して、盲人がイエスを知っていたことに注目して、多くの人たちは神に対する正しい理解に欠けることを強調する。それは同時に、「盲であること」を隠喩的に解釈する方向を取ることになる。すなわち、人間は、「悪い習慣」や「間違った事柄」の上に土台を築いていて、そのようなものを放棄することが求められているという理解である。「見えないこと」はその象徴であり、悪しき習慣や誤解を捨て去ることが求められている、というのである。このように解釈によって、「見えないこと」は人間が捨て去るべき事柄と解釈される。あってはならない事柄と、「見えないこと」とを結果的に同一視することになる。

さらに、イエスの語った言葉「あなたの信仰があなたを救った」の理解を、前述の解釈と重ね合わせることにより、「見えないこと」は「罪」の一形態であり、そこからの解放は神への信仰によるという理解に進むことになる。事実、キリスト教会で盲人に対して語られることの一つに、「もしあなたに信仰があれば、目が開かれる」がある。私はこのように語られた盲人を知っている。視覚障害者への偏見や、そこから生じた差別・排除の例は、数限りなくある。

賛美歌「アメイジング・グレイス」の歌詞に「私はかつて失われていた。しかし今は見いだされた。かつては目が見えなかった。しかし今は見える」とあるが、盲人の牧師は次のように語る。「私はかつて目が見えなかった。そして今も見えない」と。盲人の目が開かれた聖書の世界と現実の世界は違うことを、牧師は説教で語る。盲や障害は決して罪の結果や罪にある姿ではないことも。

では、この聖書の箇所は何を意味しているのだろうか。

第一は、すでに見える者（分かっている者）の目を開くことである。目の見えない物乞いは、イエスを「ダビデの子（救い主）」と呼ぶ。彼は群衆が見えていないものを見ている。そして、群衆が見えていないことを明らかにしたのである。盲人の目を開いて今まで見えなかったものが見えるようになったことは、癒されたこと、すなわち救われたことである。この箇所は、「癒し」とは「救い」であることを示している。

第二は、盲人の目が開けられて神をほめたたえた後、群衆がイエスの前にも後ろにも膨れあがって、イエスを救い主と呼んで歓声を上げ、神をほめたたえた、とある。盲人の出来事が起こる前は、群衆は明らかにイエスを「救い主」とは見ていなかったのである。

無知な群衆を救い主に出会わせるという「神の御業」の重要部分を担った者が、この世ではうち捨てられて、路上で物乞いをしていた盲人であったことは、キリストの使信は障害者に代表される社会的には排除された人々を、決して排除しないことを意味している。

救われた盲人は、イエスに従った。キリストの弟子になり、行動を共にしたとある。

②身体障害者（使徒言行録３章１〜10節）

「ペトロとヨハネが、午後三時の祈りの時に神殿に上って行った。すると生まれながら足の不自由な男が運ばれて来た。神殿の境内に入る人に施しを乞うため、毎日『美しの門』という神殿の門のそばに置いてもらっていたのである。彼はペトロとヨハネが境内に入ろうとするのを見て、施しを乞うた。ペトロはヨハネと一緒に彼をじっと見て、『わたしたちを見なさい』と行った。言った。その男が、何かもらえると思って二人を見つめていると、ペトロは言った。『わたしには金や銀はないが、持っているものをあげよう。ナザレの人イエスの名によって立ち上がり、歩きなさい。』そして右手を取って彼を立ち上がらせた。すると、たちまち、その男は足やくるぶしがしっかりして、躍り上がって立ち、歩き出した。そして、歩き回ったり踊ったりして神を賛美し、二人と一緒に境内に入っていった。民衆は皆、彼が歩き回り、神を賛美しているのを見た。彼らは、それが神殿の『美しの門』のそばに座って施しを乞うていた者だと気づき、その身に起こったことに我を忘れるほど驚いた。」

ルカはイエスによる奇跡の理解を二重の意味で受け止めている。第一は、奇跡はイエスの力を証明し信仰を起こす力を持っていること。第二は、奇跡は信仰に対して与えられること、である。だが、奇跡の徴が単なる好奇心から求められる場合には拒絶している。奇跡がなされるためには、信仰が必要であり、同時に奇跡そのものが信仰を呼び起こす手段にもなっている。この傾向は、使徒言行録にも引き継がれているが、使徒言行録では、復活が中心に位置して、他の奇跡は二次的な意味づけになっている。ルカは特にキリスト教の奇跡を、この世の魔術から切り離すことに留意している。

さて、上述の聖書の箇所に登場する「生まれながらの足の不自由な男」とは、直訳すれば、「母の胎から足の悪かった男」の意であり、胎はギリシャ語の医学用語では「消化器官」に当たるが、先天的な障害を直裁的に伝えるものとして理解される。

生まれながら足のきかない男は、毎日神殿の「美しの門」のところまで背負われて、そこに投げ出されていた。彼は物乞いとして神殿詣をする人々の憐れみを乞うていた。この男が祈りのために神殿に上ろうとするペトロとヨハネと出会い、「イエスの名によって立ち上がり、歩きなさい」と言われて、男は癒された。

神学的釈義では、「イエスの名による解放」と位置づけられる。すなわち、人間を押さえつけ、虜にする様々な要因の名前は、人間が主体的に生きることを拒む阻害要因であり、そのような諸々のしがらみから解放して、人間を神に向けさせた事柄として捉える。「生まれつきの足の障害」は、神に向かうべき人間の目を、地上の不幸の虜にしているものという理解である。

「盲」と同様に、神への道を阻害する要因として、肢体不自由は理解されている。

この癒された男は、真直ぐに仲間のもとに帰ったのではなく、二人と一緒に神殿に上がり、そこで神への感謝と賛美をした。聖書は、議会で取り調べを受けるペトロとヨハネの傍らに証人として立つ男を描いている。支配者たちは、ペトロと一緒にいる男を見て、沈黙せざるを得なかった。彼がペトロたちを窮地から救い出したのである。かつての肢体不自由者は、癒されて人々の前で「イエスの証人」となったのだ。

この物語でルカは、神殿の傍らでうち捨てられていた肢体不自由者を、イエスの証人として立てられ、ペトロの宣教の前進に貢献した者として描いている。盲人と同様、神はこの世の有力者、支配者、知恵者ではなく、富も知恵も身体の健康も失われた者を用いる。

③精神障害者（ルカ8章26～39節）

「一行は、ガリラヤの向こう岸にあるゲラサ人の地方に着いた。イエスが陸に上がられると、この町の者で、悪霊に取りつかれている男がやって来た。この男は長い間、衣服を身につけず、家に住まないで墓場を住まいとしていた。イエスを見ると、わめきながらひれ伏し、大声で言った。『いと高き神の子イエス、かまわないでくれ。頼むから苦しめないでほしい。』イエスが、汚れた霊に男から出るように命じられたからである。この人は何回も汚れた霊に取りつかれたので、鎖につながれ、足枷をはめられて監視されていたが、それを引きちぎっては、悪霊によって荒れ野へと駆り立てられていた。イエスが『名を何というか』とお尋ねになると、『レギオン』と言った。たくさんの悪霊がこの男に入っていたからである。そして悪霊どもは、底なしの淵へ行けという命令を自分たちに出さないようにと、イエスに願った。ところで、その辺りの山で、たくさんの豚の群れがえさをあさっていた。悪霊どもが豚の中に入る許しを願うと、イエスはお許しになった。悪霊どもはその人から出て、豚の中に入った。すると、豚の群れは崖を下って湖になだれ込み、おぼれ死んだ。この出来事を見た豚飼いたちは逃げだし、町や村にこのことを知らせた。そこで、人々はその出来事を見ようとしてやって来た。彼らはイエスのところに来ると、悪霊どもを追い出してもらった人が、服を着、正気になってイエスの足もとに座っているのを見て、恐ろしくなった。成り行きを見ていた人たちは、悪霊に取りつかれていた人の救われた次第を人々に知らせた。そこでゲラサ地方の人々は皆、自分たちのところから出て行ってもらいたいと、イエスに願った。彼らはすっかり恐れに取りつかれていたのである。そこでイエスは舟に乗って帰ろうとされた。悪霊どもを追い出してもらった人が、お供をしたいとしきりに願ったが、イエスはこう言ってお帰しになった。『自分の家に帰りなさい。そして、神があなたになさったことをことごとく話して聞かせなさい。』その人は立ち去り、イエスが自分にしてくださったことをことごとく町中に言い広めた。」

ここには、当時の精神障害者が置かれていた悲惨な状況が記されている。彼は、町や家から強制的に隔離され、墓場を住まいとせざるをえない状況に追い込まれている。墓場から町に戻ろうとしても取り押さえられて、墓場に放置されることが何度もあったと推測される。何らかの事件を起こして、鎖や足枷に縛られるようになったのだろう。「悪霊に憑かれた者」は、「穢れた者」として宗教的・社会的差別の対象となっていた。

イエスの噂は彼の耳にも届いていたのであろう。彼にとって、イエスは最後の希望であったに違いない。遠くから見つけると、一目散に駆けてきて、大声で叫んだ。彼の懸命さが伝わってくる。病気の故に、隔離され、差別され、排除され、人間として見てもらえない悲惨な状態から抜け出したいという強い思いがほどばしっている。閉じ込められた墓場から抜け出し、衆人の目に晒されることも厭わない彼の窮状を知る。

彼の中の悪霊は、イエスによって豚の中に乗り移り、豚の群れは暴走して湖になだれ込んでおぼれ死んだ。

豚の群れから見えることとは、「ゲラサ地方」とはガリラヤ湖の東南60㎞に位置する異邦人の町であった。ユダヤ人には豚を飼う習慣はない。異邦人、すなわち、ユダヤ人ではないことは、ユダヤ教徒から見れば、「穢れた人々」であった。「穢れた人」の中の「悪霊に憑かれた人」は、二重の意味で、ユダヤ人から見れば排除の対象である。

この悪霊の名が、「レギオン」であったことは、当時のユダヤ人社会の「反ローマ帝国」の風潮を示している。

この物語の結末は、悪霊から解放された男がイエスに従って行きたいと申し出たが、イエスは彼に、自分の住む町に帰るように言い、男はその地方全体に自分の癒しを言い広めたということになっている。

上述の二例、盲人と肢体不自由者は癒された後、イエス（ペトロ）の弟子として宣教の役割を果たすことになるが、この物語は、癒された後に、隔離されていた場所から、元いた場所への復帰がポイントになっている。ゲラサのあるデカポリス地方で、イエスの宣教を担ったのは、「弟子たち」ではなく、かつては社会全体から排除されて墓場に住むしかなかった重度の精神障害者の男であった。イエスはこのような人を選び、神の御業のために用いたのである。

「自分の家に帰りなさい」というイエスの言葉は、社会から隔離され、うち捨てられた墓から、家への帰還、社会共同体への復帰を意味している。孤独、孤立、無支援の人が、人間へと回復していく。この物語は、インクルージョンそのものである。インクルージョンの示すことは、場への復帰だけでなく、関係性への復帰でもある。この物語は、イエスの癒しの行き着くところは、人間性の回復、人間になることなのだと示している。

聖書に登場する障害者は、いずれも障害故の悲惨な状況に置かれている。障害者は旧約聖書の時代にはどのように考えられていたのであろうか。

律法の書であるレビ記には神殿での奉納者の条件として無欠損性が記されている。神殿に捧げ物をする者は身体や知的に障害があってはならないとされている。障害者や病人は礼拝をすることから排除されていた。

障害者不浄論はレビ記21章の祭司の資格について、障害のある者は代々にわたって神に食物をささげる務めをしてならないと記されている。障害の具体的な内容も列記されている。「神は聖なる者、だから心身に障害のある者は不浄の者」として退けられた。

だが、イエスによって癒された障害者のその後を知るとき、福音の前進にどれだけ障害者が用いられたかが分かる。否、イエスは常に障害者・病人と共にいて、彼らこそ福音の対象とされていたことが分かる。彼らは、健常者の付け足しでもなく、残りのものを与えられる者でもなく、彼らこそがイエスの宣教の中心的な人々であった。

障害者の癒しは、神の国の到来の先取りである。同時に、障害者によって真実な共同体が形成される。この点を聖書から学ぶことが大切である。

私はこのように聖書をインクルージョンの観点から読むことができると思う。否、愛の宗教、自由の宗教として見ることよりも、現在の非寛容、排他的、境界線を引いて外側の人々を排除している現在の社会への強い警鐘として捉えることができるのではないかと思う。

インクルージョンを示したイエスの教えに今一度戻ることが、教会も世界も真に平和への道を歩むことになるのではないか。

インクルージョンは境界線を引かない。内側の同志を作らない。過去を赦し合う。同じ人間仲間として糾弾しない。仲間に入れていく。平和を作り出す。

4　キリスト教死生観

キリスト教が日本社会で一定の教勢を占めない理由として、聖書の持っている文化的風土と日本におけるそれとのあまりの違いを取り上げる学者がいる。多神教のアミニズムによる万物に宿る神々に守られているという信仰は、砂漠の宗教であり、唯一神を崇め、その律法に厳格に従うというキリスト教とは、根底から異なっている。

正月には家内安全、商売繁盛を祈願するために初詣に出かけ、子どもたちの成長の節目に七五三詣でを行う。結婚式はキリスト教会で行い、家を新築すれば神道式の地鎮祭が行われる。人生の最後は仏教式の葬式が待っている。死後は家族で墓参りして僧侶に念仏を唱えてもらう。このような様々な宗教が人生行路の諸段階で登場し、そのことを訝ることはない。日常生活の中に組み込まれた宗教儀式が、問われることもなく平然と遂行されていく。ここには、絶対者としての神はない。死んだ人間が仏になる仏教は、仏への畏れは漠然としていて、キリスト教の神への畏れとは本質的に異なる。

多神教の根底にあるものは、宗教とは現世利益を保障するもの、すなわち御利益宗教である。

正しい信仰心がその人の生命や財産を生み出すというものである。家内安全や商売繁盛、子孫繁栄の題目に盛られているものは、神や仏に正しく帰依すれば、それが与えられるというものである。逆に言えば苦境にある人々は、信仰心の不足や正しい信仰心を持たない結果と言うことになる。

私は、新興宗教の信者だったある教師が、恵まれない家庭の生徒の家を訪問した際に発した言葉が今でも忘れられない。保護者は同じ新興宗教を信じていた。その教師は、「いい加減な信仰だからこんな惨めなことになるんだ」と言った。それは信じれば必ず良いことが起こるという考えであった。私はその発言を聞きながら、キリスト教との違いを鮮明に意識した。

それは多神教と一神教の死生観の違い、神と人間の関係理解の違いであろう。ではキリスト教の死生観とは何か。神と人間の関係理解とは何か。

(1) キリスト教死生観

ルターは、詩篇90篇の講解で人間の死について語っている。

第一は人間の死を他の生物の死と明確に区別していることである。動物や植物などの人間以外の生物の死は、全く一時的な災いでしかない。それは神によって定められたもの、自然死である。しかし、人間の死はそうではない。神による罪に対する罰として死があるがゆえに、人間の死が悲惨なものになる。それは神の怒りによって起こるからである。人間は本来、神の言葉に服従して生き、神に似たものとして創られた被造物であり、それ故人間は本来死ぬべき者として創られたのではない。しかし、人間の始祖アダムの堕罪によって死すべき者になった人間の死は、偶然や自然現象として起こるのではなく、神の怒りの罰によって死ぬのである。言葉を替えれば、動物の死は「自然死」であるが、人間の死は「殺される死」なのである。

ルターは神の怒りによる罰としての死と、同時に神の憐れみによる救済を示している。それは私たちが一方的な裁きの死に留まらず、永遠の生命へと導かれていることである。このことは私たちの理性は知らないと加えている。

裁きとしての死は、神の御子イエス・キリストの十字架の死と復活によって、神の憐れみによる新たな段階を迎えることになる。私たち人間は死に向かって生きていると理性は訴える。だが聖書は、人間は死に向かって生かされているものであると説く。死を越えたものに向かって生きるものだという。これは理性ではなく、信仰による確信である。

ここには私たちの「生」も「死」も、神の前での存在としての人間であることを示している。人間は生きているときも、死んでいくときも、神との関係の中の存在であることを忘れてはならない。これがキリスト教の死生観である。

「死んだら終わり」という日本人の死生観は、死は生を明確に区別するものである。キリストが内に生きる人間は、物理的な生死を越えたものと捉えている。

（2）神と人間の関係をめぐる理解

人間は神の被造物であり、神との関係において生きる者である。それは人間だけの関係性を生きる者ではない。被造物の被造性とは、人間の弱さ、はかなさを示している。しかし、同時に「神の像」を持つ者としてその尊厳性が認められる者である。それは救いの契約の対象としての存在である。だが、堕罪によって失われた「神の像」は、神の栄光を映し出すものとして位置づけられる。人間は自らではその栄光を輝かすことはないが、神の栄光を受けて輝くことが許されている。

このような神との関係において、人間の価値は人間自身にあるのではなく、神によって付与された価値である。さらに言えば、人間は神を見ることのできないこの世界において、神の存在を示す者として神に創造された者なのである。

人間は神との出会いの中で、生きる目的を、否、正確には生かされている意味を、知ることになる。神なき者の姿は自らが輝くことを目ざす生き方にある。それは必然的に他者との共生から一歩身を引くことである。キリストに倣う生き方は、人に仕えて生きることを旨とする生き方である。

（3）3・11の理解に触れて

3・11東日本大震災の際に、「神は死んだ」、「神はなぜ罪なき者を多く殺したのか」という叫びが至るところに上がった。教会の礼拝でもそう祈る人もいた。

大震災は神の死、あるいは神の不存在の証でない（第1章と第5章を参照）。ここでは、「罪なき者」について触れておきたい。すでに述べたように、ルターに示されるキリスト教死生観では、死は罪を犯した人間への裁きとして捉えられる。人間の死は、神の罰である。その一生を信仰深く生きた人も、その人生を他者のために尽くして生きた人も、神の前で罪人として裁かれて神に殺される。これがキリスト教の死の理解である。

では、生まれたばかりの「純粋無垢」である赤子も、大人と等しく罪人であるのか。私たちは罪なき人間の代表として、赤子を上げることが多い。だが、彼らも罪人の一員なのである。詩編51篇にはこう記されている。

「みよ、我邪曲《よこしま》のなかにありて生まれ、罪にありてわが母われをはらみたもう」

人はこの世に生まれる前から、罪人の一人と数えられるものである。この世に罪なき者はいない。一人もいない。それがキリスト教信仰による理解である。

また、「神は死んだ」の叫びの中で引用した「たとえ明日世界が滅びようと、今日私はリンゴの木を植える」のルターの言葉を正確に理解することが求められる。自分がこの地上からいなくなっても後の子孫のために何かを残そうという意味ではない。生きた印を地上に植え付けるという意味でもない。

ルターにとって生きること、そして死ぬことは、神の前で生きること、そして死ぬことであった。生きている今の世界の現実だけでなく、神による救いの出来事の現実を正面から受け止めている。この救いの出来事の確かさが、よく知られる名言の基調にある。それは、神の救いを受け入れた者の信仰の露呈である。神と向き合っての言葉であることを忘れてはならない。

キリスト教死生観は、キリスト教信徒でないものには理解は困難であろう。神の裁きとしての死、神の救いの現実、これらは言わば信仰の此岸の出来事であり、非信徒にとっては彼岸の出来事である。両者を分かつ壁は大きい。このキリスト教理解は、非信徒には受け入れがたく、それだけに合理的精神が支配する時代では、信ずる人々が少数になる。

キリスト教の葬儀で、天に召された人に向かって、このような言葉がかけられる。

「天国への凱旋を祝す」と。

この世の死を、すべての終わりと見ないで、神の国への通過点と考えられるか、それが信徒と非信徒の違いとなる。3・11以後の世界では、この死生観の違いが、いっそう際立つ時代になったということであろう。

5　インクルーシブ教会

（1）桜本教会誕生と教会改革

川崎市南部にある桜本教会は、1957年に伝道所として設立された。当時、東京の大きな教会の牧師が、日本鋼管の聖書研究会を主宰していて、この地に教会の設立を願ったことが教会の始まりである。東京の教会には裕福な知識人が多くいて、労働者の町である桜本に貧しい人々のための教会を建てることの意義を感じたからである。桜本は労働者の町であり、日雇いの人も多く、また在日朝鮮人の多住地域であった。町では飲んだくれて路上に寝ている人を日常目にすることも多く、怒号やけんかが絶えず、立ち小便をする人もいて異臭の漂う町であった。それは生活の貧しさや苦しさのゆえに起こることであった。むしろ地域の人々が物心両面の様々な欠乏やそれゆえの苦しみに耐えて、必死に生きている様子が見て取れた。私は信州ののどかな農村に育ったこともあり、地域的な状況の違いに大きな驚きを覚えたものである。

キリスト教が日本社会に入ってきた頃は、キリスト者による社会活動が盛んであった。日本キリスト教婦人矯風会による廃娼運動・婦人参政権運動や賀川豊彦で知られる貧しい労働者支援の活動、また石井亮一・筆子に代表される障害者の施設や学校づくりにも、多くのキリスト者がその労を負ってきた。障害児教育の先駆者たちの多くはキリスト者であった。私が校長を務めた「神奈川県立平塚盲学校」も、その前身は「私立中郡盲人学校」であり、教会の敷地内に置かれていた。校長は歴代キリスト教信徒であった

今日でも山谷、尼ヶ崎、寿町、北九州そして川崎でのホームレス支援活動は、キリスト者がその支援の中核を担っている。

桜本教会開設に当たっての母教会での発言が、後に問われることになった。当時使われていた「底辺伝道」という用語を巡ってである。今日的な感覚では、「底辺」という表現は明らかな差別表現である。その時代の人権感覚が、教会であってもその程度であったというしかない。否、教会だからこそそなのかもしれない。その教会の伝道師の発言は次の通りであった。いわく、「底辺で生きている人たちの気持ちを知りたい」と。この伝道師は短期大学学長であったが、豊かで恵まれた生活をしていると、貧しさの中で苦しんで生きる人々への関心がこのようなものであったのかと思う。所詮は苦しむ人々への関心があっても他人事であり、興味本位なものであったことが分かる。彼の発言箇所には、後に読んだ人が赤線を引いて、不適切発言として消去しようとした跡が見られる。

賀川豊彦はキリスト教社会運動家として知られ、労働運動、農民運動、生活協同組合の設立、社会党の設立等で活躍した。「貧民街の聖者」として世界的名声があり、ノーベル平和賞候補

にもなったほどの人物である。しかし、彼の死後、彼の差別的発言やその根底にある女性蔑視の思想が問われることになる。夜の商売をする女性を、「闇に落ちる女性は多くの欠陥を持っている」とし、売春婦に対しては「一種の精神分裂病患者である」と著書の中で切り捨てている。極貧の中で春をひさぐことによってしか生きられない女性の苦しみや、そこまで追い詰める社会の矛盾には目を向けることなく、ひたすら個人の問題に帰する考え方は、今日の「自己責任論」のはしりとも言えるものである。

このようなキリスト教的正義感のうさん臭さは、様々な事象で至るところに見られる。所詮は人ごとでしかなく、自分には問題の深刻さが返ってこない場所での発言は、その場で苦しむ人の痛みを感じない鈍感さから発せられるものとなる。

桜本教会の誕生の時代に、その母教会の伝道師の発言は当時のキリスト者の普通の感覚だったのであろう。教会が裕福な人々や知識人の集まる教会では、「底辺の人々」への宣教は、何か憐れみや施しの感覚であったのだろう。そしてこのことは、今日なお、日本におけるキリスト教会の伝統となっていると指摘される。障害者やホームレスに象徴される貧困にあえぐ苦しむ人々には、多くの教会は関心を持たず、門戸を開かない。彼らとの共生など全く教会の課題となることはない。聖書に示される事柄は、貧しく差別に苦しむ人々との共生が示されているが、現在の教会の姿はそれとはあまりに乖離している。

だが、桜本は貧しく苦しむ人々の町であり、教会に来る人々の多くは何らかの重荷を抱えた人々であった。その人々を受け入れることは、教会が富裕層や知識人を対象とする教会とは一線を画するものでなければならなかった。教会の質的転換が求められたのである。

今でも思い出すことがある。私が20代で通っていた桜本教会では、礼拝が終わると「信仰問答」なる時間が設けられ、その日の牧師の説教について語り合った。そこは、大学教授や東大出身の大企業の管理職など、いわばこの世のエリートたちが自分たちの考えを述べ合う場所となっていた。時には牧師に対する鋭い批判もあり、中には信徒礼拝と称して、信徒が説教をすることもあった。聖書とはかけ離れたことを述べる人もいて、エリートの自由主義教会という雰囲気であった。当然、地域に住む様々な困難を持つ人々は教会に入ることすらできなかった。地域にある韓国教会の牧師たちは、桜本教会は地域に住まないエリートの集まる教会だと揶揄した。

ところが、教会を地域に開放して、地域の人々を受け入れ始めると、日雇い労働者、ホームレス、障害者、アルコール依存症など、様々な問題を抱えた人々が集まるようになってきた。とにかく受け入れようという牧師の方針から、排除されている人々が教会に集まるようになった。

教会に来る人たちの中に、何人かのアルコール依存症の人がいた。この人たちが礼拝で騒いだり、教会員に迷惑をかけることもしばしば起こった。礼拝後の「信仰問答」を行う状況ではなくなっていった。当時、神学校に通っていた私は、この人たちをどう受け止めたらよいかと思案していた。時には暴力に及ぶこともある。時には刃物で脅すこともある。

アルコール依存症の人には時間の観念がないため、夜中でも朝方でも教会を訪ねてきては、牧師につきまとう。牧師を目指している神学生の私は、切れてはいけないと念じつつ接していたが、ある時、とうとうあまりの理不尽さに切れて、投げ飛ばしたこともある。その時は、素面に戻った人が謝って二度と迷惑をかけないと帰って行ったが、それで終わることはなかった。

教会の信徒が変わったのは、それからだった。牧師や神学生だけにこの重荷を負わせて良いのかと、何人かのアルコール依存症の人との関わりを自分たちから持つようになった。私は、酒を断つためにしばしばその人の家に行って話をし、一緒にご飯を食べるよう努めた。家族も友達もない寂しさが、酒に走らせると思ったからである。牧師は朝晩の抗酒剤を服薬させることを日課としていた。

信仰問答の中心を担っていた大学教授たちが、彼らのアパートを訪ねて話をしたり、お茶を飲むなど交わりの時間を持つようになってきた。私はこれには驚いた。立場も置かれた環境も全く異なる人と、自分たちから交わりを求めたのである。

教会設立時のメンバーであった彼らは、「底辺の人の気持ちを知りたい」と語ったエリート伝道師とは、全く異なる人たちになったのである。それは教会が問題のある人々を排除しないで、共生の教会になることを意識したからである。それはこの世のエリートたちの教会から、苦しむ人々の教会になる一歩だったのである。桜本教会がインクルーシブな教会になる土壌が出来つつあった。

日本のキリスト教はこの世の成功者の宗教である。そうでない人は自ずと排除されていく。桜本教会が伝道集会をするために地域の住民に声をかけると、必ずと言っていいほど言われる言葉がある。「教会に私たちが行ってもいいのですか。身分が違います」と。

桜本教会が地域の中に根を張っていくことは、必然的に様々な問題のある人々を受け入れることになっていく。貧しい人の相談や困った問題を抱えた人々への支援がそこには生まれてくる。「底辺の人たちの気持ちを知りたい」という上から目線ではなく、実際に支援の手を延べることになる。火事で家をなくした人の相談には金銭的な支援も必要とした。アルコール依存症の人には、抗酒剤の朝晩の定期的な服薬の役割が求められた。精神障害者の支援では牧師館に住まわせることもあった。ホームレスの人たちには、食事や衣類・生活用品の配布だけでなく、健康面や金銭面での支援や、災害時には教会が宿泊場所になった。

このようにして苦しむ人々と一緒に生きる営みは、教会を聖書に示されたような「インクルーシブな教会」へと変えていった。いや、変わらざるを得なかったと言うべきであろうか。

以下では、20年にわたって取り組んできたホームレスの支援活動に焦点を当てる。特に地域の人々との関わりについて述べる。

（2）支援活動の取り組み

それは一通のハガキから始まった。横浜の寿地区で活動している神奈川教区担当者から、川崎市のホームレス支援への呼びかけがあり、それに応える形で始まったのである。元々桜本教会にはホームレスをはじめ様々な重荷を負った人々がいつも礼拝を訪れていて、お互いが支え合って生きることを志向する教会であった。従って、寿地区からの発信への対応は多くの不安を抱えながらも、牧師の「やってみよう」の声に信徒は自然に従った。

1994年からホームレス支援の取り組みが始まった。最初は川崎のホームレス支援グループ「水曜パトロール」の活動を共に担うことであった。水曜日の夜、ホットレモンを教会で作り、車に積んで配って歩き、健康状態を聞くなどの見回りをした。冬場には何人も凍死者が出ることが続いていたからである。木曜日には教会で昼食会を始めた。それは藤原牧師のポケットマネーによるものであった。温かいうどんを食べにくる人々が、教会の食事を知って集まりだした。その年のクリスマスイブ礼拝に案内を配り、ホームレスが25名出席した。ホームレスの人々にとって、夜の寝場所の確保は最も大切なことであり、一晩といえども場所を空けることにためらいがある。だが、教会での食事や交わりを求めて、あえて他人に寝場所を奪われるリスクを負っても、教会に来ることを選んだ。この25人がやがて教会に集まるホームレスの人々の中心となり、教会との共生の中核になっていった。教会では翌年から日曜日の礼拝後にも昼食を出すようになり、木曜日の昼食と併せて週二回の食事の提供が行われるようになった。教会は川崎市に対してホームレスへの施策と対応を求めて、交渉を重ねた。そして陳情を行うために署名活動を開始した。1万3千筆の署名を集めたが、その大半を教会関係者が担った。署名を依頼した教職員組合からの拒否、路上で署名活動をしていた教会学校の子どもが、「ホームレスなんか死ね」と怒鳴られた場面等、ホームレスへの偏見は私たちの想像以上のものであった。

特に一般の労働組合が署名に積極的に協力してくれたのに対して、川崎市教職員組合や高等学校教職員組合が署名を拒否したことは、教職員組合の持つ極めて閉鎖的な体質を示すものであった。教職員組合は自分たちの権利を守るために存在するもので、苦しむ人々への共感や支援の気持ちを持たないことを知った。川崎市教職員組合は、「ホームレスによって困っているのは子どもたちだ。迷惑をかけるホームレスの支援なんてできるか」と言って、追い払われたことを鮮明に思い出す。

実際に私は盲学校や養護学校の校長を務めたが、組合員の意識は自分たちの権利獲得にしか向いておらず、私が行っているホームレス支援への協力はほとんどなかった。学校では校長室の前に、「ホームレス支援のお願い」と書いた段ボール箱を置いたが、いつも衣類を届けてくれたのは障害のある子どもたちの保護者たちであった。

1994年12月13日に川崎市に対して、請願署名と共にホームレスからの169項目の要求を示して陳情した結果、川崎市はパン券（660円）支給と越冬のため年末に体育館提供の方針を打ち出した。陳情や署名活動の代表は、「川崎市の路上生活者と共に生きる会」の代表藤原牧師であった。

その後、水曜パトロールの会とは一線を画し、教会独自の取り組みとなった。水曜パトロールの中心は政治的目的を掲げる団体であり、教会の支援活動とは根本的な違いがあったからである。私たちの支援活動は、神の前に共に生きる者という出発点があった。

東京都や横浜市と同様にパン券が支給されることが数年続いた後、パン券に代わって現物支給として二食分の食事が支給されるようになった。この頃は、様々な教会で支援活動の取り組みが見られるようになったが、今日では多くの教会は取り組みから撤退した。教会員の高齢化が進む中、経済的な余裕がなくなったことも原因の一つであるが、一時的なブームに乗った活動が中座していったのは、根底に共生の哲学を持たなかったからである。

桜本教会は、教会まで来られない人々のために、車4〜5台に毛布、衣類や生活用品を詰め込んで配布した。多くの人々が教会との馴染みになっていて、配布の協力を買って出た。外部衣糧配布は今日まで27回実施された。

やがて、川崎市はホームレス支援を現物支給から一時宿泊や緊急一時宿泊施設の設置に切り替え、自立更正の促進を図るように方向転換を行った。そのため、川崎駅周辺に居住していた人々は、多摩川の川縁や駅から離れた公園に移るようになった。

２００７年度の神奈川県福祉局のホームレスの実態に関する調査によれば、県下には２０２０人のホームレスが居住し、川崎市848人、横浜市661人となっていて、川崎市が人数的に最も多い地区であることが示されている。横浜には寄せ場として知られる寿町があるため、神奈川県のホームレスの多住都市は横浜との印象があるが、実際には川崎市が最大数の都市である。統計上川崎市の最大数は、２００３年１００３８人となっている。２００２年の調査によれば、10年前の全国のホームレス数２万５２９６人から７６９４人と減少している。自立支援特別措置法による施策や高齢者の生活保護受給者の増加が、その要因であろう。しかし、川崎市について言えば、全国では三分の一に減少したにもかかわらず、半減に留まっている。その理由は、他の都市に比べて川崎市には日雇いの職場があることが上げられる。なお、２０１３年の調査では、川崎市527人であるが、教会のある川崎区が最多で257人となっていて、他区を断然上回っている。この人たちの多くが教会を訪れている。

ホームレスの人々の生活場所は公園22パーセント、河川30パーセント、道路11パーセント、その他となっている。ホームレスになっている期間は、１年未満24パーセント、１年以上３年未満20パーセントとなっていて、直前まで建設関係の仕事に就いていた人々が、不況により会社が倒産し失業した結果、ホームレスになる事例が圧倒的に多いことが知らされる。このような情報を入手して、私たちは教会に来る人たちの実態を学び、支援活動を続けた。

桜本教会は、ホームレスの人々だけでなく、障害のある人々や在日外国人、アルコール依存の人々など様々なニーズのある人々が集まる教会であり、単なる支援活動ではなく「共に生きる営み」だからこそ、20年を経て今日まで継続しているのである。

私が今でも鮮明に覚えていることの一つに、夜間にホームレスの人々を訪問して温かな飲み物や毛布を配布していた時のことがある。一緒に配布してくれたホームレスの人の言葉の何かに癇に障った二人の方が、いきなり彼に手を上げて暴力に出てきた。その時近くにいた牧師がとっさに土下座をして謝りだした。二人組はまだ若く酒が入っていた。牧師は額を地面に付けてどうか許して欲しいと懇願した。その姿勢に荒ぶった態度に変化が見られ、落ち着いてきた。

藤原牧師は女性の牧師である。牧師の招聘の際に、母教会の著名な旧約聖書学者は、桜本は女性には無理だから男性牧師にするべきだと主張した。だが、そうではなかった。男性には家族や社会的地位やプライドなど守るものがある。自分を無にして人に仕えることのできるのは女性であるとその時確信した。酔ったホームレスの前で人のために土下座をして許しを請うなどは、聖書学者にはできるはずがない。私も同じである。

私は、当時まだ若く、柔道で鍛えた身体と技を持っていた。何があっても人と争って負けることはないという自負を持っていた。いや、そもそもホームレスのいちゃもんに頭を下げるなどという選択肢はなかった。それはたぶん私のどこかに、彼らに対する侮蔑感があったのであろう。還暦を過ぎた私が今でも毎日柔道式トレーニングを欠かさないのは、ホームレスの人たちが一旦ことを起こしても対応できるためであるが、それはどこかに安心して相手に任せることのできないものがあるからではないか。

藤原牧師からは牧師として人に仕えることを教えられた。人に仕えるこの姿勢こそが桜本教会をインクルーシブ教会へと変えていくものであった。

（3）反対運動と地域変革

教会にホームレスの人々が集まるようになった。すぐに地域の人々から苦情や非難が起こった。怖くて子どもや女性が街を歩けない。酔っぱらいが大声を上げたり立ち小便をするなど、迷惑だ。街が汚れる。安全な街でなくなる。そんな声が上がり始めた。こんなやつらを街に来させている教会に火をつけるぞとの脅しの電話も多くあった。町内の家で植木が壊された、玄関に置いたものがなくなった、それはすべて教会に来るホームレスの仕業にされた。町内会の役員からはこのような活動は町内に迷惑だから、教会の移転を要求する署名を開始すると言われた。実際にはそれは単なる脅しであり実現はしなかった。しかし、町内での教会に対する厳しい雰囲気が私たちには重く伝わってきた。

町内会からの相談を受けたある革新政党が、活動中止を要望してきた。政権与党であればホームレスの問題などに関わらないのは当然かもしれない。しかし、町内会の意向であるからと言って、生活困窮者の代表であるホームレスの支援活動の中止を求めたのが革新政党だったことには驚いた。彼らはむしろホームレスを擁護する立場になってくれると期待していたからである。教職員組合が署名活動を拒否したことと同じ姿勢である。社会の片隅に追いやられている人々への共感や受容を大切と思わない学校の教員や革新政党に未来はない。否、政治は自らの利益を求める人々が、その利益に合致する選挙民とで行うものであって、ホームレス問題のように誰もが利益をえない事柄は完全に放置されることを知った。政治がすべてを解決するのではないのだ。政治の世界では選挙の票に結びつかない人々は、排除の対象になる。それが政治の世界であり、政治家の姿なのだ。革新であろうと保守であろうと変わらない。

支援活動に対する地域の反対運動は予想されたことではあったが、実際に苦情の矢面に立たされるときは辛かった。だが、社会の中でもっと辛い思いで生きているこの人たちのことを思えば、活動を中止することは何があってもできなかった。地域のすべてが反対者になった。警察も教会に来て、地域からの苦情を伝え、あのようなホームレスへの支援活動は止めるべきだと私たちに説得した。彼らは住民の敵、犯罪予備軍であるという確信があることも知った。その点から言えば、支援活動は彼らの居場所を作ることによって、犯罪者にならないためにも貢献している。だが、それは理解されない。

だが、地域の総反対の状況に、やがて変化が少しずつ現れた。地域の人の中で古着や総菜を持ってきてくれる人たちが現れたのだ。「みんなでやるべきことを教会が担ってくれている」、「同じ人間だ。差別することはいけない」と語る理解者が増えていった。教会追放を迫った町内会役員が衣類を持ってきてくれるようになった。

教会の活動を理解してもらうに至った要因はいくつかある。その最大のものは、ホームレス自身の行動によるものだった。彼らは教会を自分たちの寄るべき場所とするために自主規制を始めた。酔っぱらいや乱暴する人は教会に入れない、教会の近隣に迷惑をかけないということをお互いが注意し合った。町内の清掃活動を行うようになった。自分たちが来て街が汚れることは、教会の活動が地域の反対で中止されることになる。そのことへの危機感があった。雪の日に、大勢のホームレスが雪かきを行った。誰からもお礼をもらうこともないことを自ら進んで行った。日曜日と木曜日の町内の通りは、ゴミ一つ落ちていない街となった。近所の方から家の修理を頼まれることもあった。

私たちは、街で会えば多くの人々に挨拶し、迷惑をかけていないか尋ねた。逆にご苦労様ですという返事が返ってきた。活動を通して、教会は地域社会と密接なものとなっていった。近所の葬儀の際には、宗教は違うが、会計や受付を頼まれることもあった。長い活動の中で、地域の中で理解者が増えて、教会を支える人々が広がっていった。

二つ目は地域での講演会を始めたことである。地域の中学校区（二つの小学校と一つの中学校の地区）で、地域住民、学校関係者を集めた「ホームレスの人々の理解のために」というテーマでの講演会の実施である。

「生き方講演会」と銘打った地域教育会議の案内には、このように記されていた。

「川崎にも公園、建物、路上などで生活を送っている野宿生活を余儀なくされた方が数多くいます。一般的には『ホームレス』と呼ばれていますが、様々な事情で家に住めず、町の片隅で生活しています。でもあなたと私が同じ人間であるように、この人たちも同じ生を受けた人間です。平等に権利があり、生存権が保証されています。しかし、大人社会でも理解が十分でなく、邪魔者扱いをされて、汚い、怖いと人々から敬遠されている実態があります。そして中高生による集団暴力やいじめなどの事件も発生しています。そこで今回、地元で野宿生活の方への支援活動をされている鈴木先生から、現状や社会的背景、住民との共生のあり方などをお聞きする機会を設けました。大人の中にある偏見や差別意識などについて考え、子どもたちへの教育や人権意識を高めていく為に少しでも役立てることができればと考えています。なお、鈴木先生は現在は盲学校の校長をされていますが、かつてこの地域の中学校の教師をされ、野宿生活の方への支援活動をされています。」

私は小学校の会場に集まった80名ほどの人たちを前に、この地域に居住する在日韓国・朝鮮人のことから話を始めた。次に障害者について語り、この人々が今も社会の中で差別や偏見・排除を受けて苦しんでいる現実を指摘した。それがどんなに間違っているかを述べた。その上でホームレスの人々への理解を話した。聴衆の多くは、民族差別や障害者差別は許されないことであることは理解できても、それと同列にホームレスのことを語ることに抵抗を示した。根底にあるのは、ホームレスは自業自得であり、前者は社会的・政治的なものであるという考えであった。私はホームレスの人々が決して怠け者ではなく、現在の社会構造の欠陥から落ちていった人々で、彼ら自身の責任ではないことを強調した。具体的な人をあげて、ホームレスになっていった経過を話した。そして最後に、インクルーシブ社会の実現のために、私たちは、また地域社会は何をするべきかを語った。反応は確かなものであった。

【講演会のアンケートの主な意見】

①ホームレスはなりたくてなったのではなく、いろいろな事情があることがよく分かった。こういう話を聞いて自分も変わるし、人も変わることを信じたい。

②社会はどんどん進歩しているのに、どうして人の心は進歩しないのだろう。進歩どころか後退している。

③人は皆同じと簡単に言うけれど、相手の立場に立つことは難しい。相手と頭ではなく心で感じ取ること、同じ場所にいることが大切だと思う。

講演会が終わって、地域の人たちが総菜の差し入れに来てくれるようになった。中でもほとんど毎週届けてくれる方の口癖は、このようなことを教会だけでやってもらっていたのでは申し訳ない。地域のみんなで取り組むように呼びかけをしたい、と語った。届けてくれる人たちと話をする機会がある。こんな意見がある。

○みんな自分ことだけで一杯一杯なのに、人助けを続けている教会に敬服する。
○本当はみんなでやらなければいけないと思う。
○ホームレスの人たちをずっと汚くて嫌だと思っていたが、町内の清掃活動をしてくれているのを見て、見方を変えた。
○自分がホームレスになったら、人から何をしてもらいたいかと思う。そうなる可能性が誰にでもあるのだから。
○ホームレスの人も同じ人間なのだ。助け合って生きることが大切だ。

三つ目は、川崎市教育委員会によるホームレス理解教育の進展である。1995年10月、川崎市教育委員会は、「子どもたちの健やかな成長を願って――野宿生活者への偏見や差別の克服に向けて」という人権啓発冊子を発行した。川崎市内で起こったホームレス襲撃事件の衝撃を受けて、教育委員会が児童生徒向けの冊子を作成し、授業で取り組むようにした。教育長も人権・生命の尊重の教育の徹底のために活用するようにと一文を寄せている。

これに先だって教育委員会は、12枚からなる冊子の内容の校正を教会に依頼してきた。そこには子どもたちに人権感覚を持つことや、いじめられる側に立つことの大切さが記されていた。だが、教師や家族、一般市民のことにも若干触れられてはいたが、子どもの差別は大人の行動の写しであることの指摘が薄く、大人こそその感覚を磨くことの重要性を強く訴えた。その部分が大きく修正されて出来上がった。

この冊子には、参考資料が添付されていて、川崎市当局との交渉で要求した「ホームレスへの行政支援」174項が載せられていた。要望の代表者は桜本教会牧師・藤原繁子である。この冊子が発行されると、川崎市内の小・中学校でホームレスの理解教育が始まった。

ある中学校では冊子を使った授業を展開し、またある中学校では生徒がホームレスにインタビューを試みて、その結果を学級で発表したり、ある小学校では支援団体の人が講師になる等の取り組みが行われた。

教会のある地域の中学校では、生徒たちが卒業のため不要となったジャージや運動靴を大量に集め、届けてくれた。ジャージばかりではなく、セーターやシャツも含まれていた。ジャージを集めるという呼びかけに、他の物も必要だろうと出してくれたその優しさがうれしいと思う。また、生徒会が生徒会室の清掃を行って不要になった雑巾を持ってきてくれた。さらに教員が学校バザーで売れ残った物をリヤカーで運んできてくれた。

教会には体力のないホームレスが川崎駅周辺から歩いてやってくる。途中でへたりこんで歩けなくなる人もいる。そのような人を中学生が見つけて、二人で連れてきてくれることもある。生徒たちは教会に連れてくると何事もなかったように、ぴょこんとお辞儀をして帰って行く。特別なことをしたとは思わないのがいい。

助けてもらった人の中に、80歳を越えた婦人がいた。女性のホームレスはあまりいないので、女性用の衣類を彼女のために用意することを心がけていた。だが体力がなくなって教会に昼までにたどり着けず、午後になって女子中学生に抱えられて到着する。教会まで来るのも大変だろうと、知り合いに食事や衣類を持って届けるようにしたが、彼女はどんなに大変でも教会に来たがる。理由は人恋しさである。食事が終わっても容易に帰ろうとしない。人と一緒にいたい、人の中で生きたいという願いが見える。

ホームレスが教会に来る前に、中学校のグラウンドの前で子どもたちの運動風景を見ていることがある。一人で路上生活をしているのは決して好んでそうなったわけではない。人と一緒にいたい、人の仲間として生きていたいのだ。中学生の部活動の様子をじっと見つめている彼らの後ろ姿からは、人と一緒に生きたいとの願いが切ないほど伝わってくる。

世の中ではホームレスの人々が排除され、嫌われ、拒絶されている中で、彼らの願いを受け入れる取り組みは、受け入れる側の心の問題なのだ。一緒に生きたいという同じ願いに共感するときに、人は心を開き、人を受け入れる。このことを理解する教育が人をつくり、社会をつくる。

地域の中で支援活動に反対する人たちがいなくなったわけではない。苦情は相変わらず教会に届く。木曜日と日曜日の朝早くから大声でしゃべる人たちがいて寝ていられない。何とかしてほしいと。同様の理由で警察官が教会に注意をしに来たこともある。

しかし、苦情の声は徐々に小さくなっていった。あるいは私たちがそれに対して過剰に反応しなくなったこともあるのかもしれない。少なくとも現在は反対者より支援者が増えていることを喜びたい。

（4）教会の支援者

支援活動を行うためには資金が必要となる。このための経済的負担は、牧師や教会員によるものであり、限界は見えていた。そこで外部への支援依頼を行った。神奈川教区の諸教会から始まり、やがて全国の教会から支援物資や献金が届くようになった。このようになった背景には、桜本教会のために祈って、全国の教会に支援の依頼を10年以上続けてくれる他教会の信者がいる。自らも毛布や運動靴をたくさん集め、また自家で栽培した野菜を大量に車に積んで運んでくれる年配の方がいる。彼らの働きは、神からの支援であると知らされる。教会の枠を超えて信徒以外の人たちからの支援も多くなった。毎月15kgのお米を欠かさずに送ってくれる方、木曜日にボランティアで来てくれる方、遠く茨城県から毎年大量のジャガイモを運んでくれる方、定期的に献金を送ってくれる方、コンビニの残り物を毎週運んでくれる人たち、今では多くの人々によって教会の活動は支えられている。宗教の枠を超えた支援は、インクルージョンの取り組みとみることができる。

支援者として挙げなければならない人たちは、ホームレスの人々の中からキリスト信徒になった人たちである。20年間で35名の受洗者が出たが、彼らが食事の準備、後片付け、食材の買い出し、清掃、衣類の整理等、細かなことも担ってくれている。神の家族である。

ある小学校でボランティアクラブの児童（3年生）が呼びかけたポスターは次のようなものだった。

> ホームレスさんに届けよう!!
> ホームレスの人たちは寒い外で生活しています。
> いらない毛布や男物のセーター、ジャンパーを集めています。
> みなさん協力してください。お願いします。
> 期　間　10月14日~10月21日まで
> 係　　　3の2　○○○○か　クラスのボランティアまで
> お届け先　日本キリスト教団桜本教会

このような呼びかけをしてたくさんの衣類を集めてくれた小学校を訪れ、本人と会って話をする機会があった。お母さんが教会の取り組みを聞かせたところ、それなら僕が学校で衣類を集めると言った。その子は実際に川崎駅近くで、ホームレスが座っている場面を見て、可哀想だと思った。それがこのような行動に出たのだろう。お礼を言い、握手をすると恥ずかしがって耳まで真っ赤になった。小学校での呼びかけは功を奏して、車一台に満杯の衣類が集まった。この小さな味方の起こした行動に感動したホームレスの人たちが、子どもたちにお礼の手紙を書いた。

- □□小学校のみなさん、ありがとう。感謝しています。
- 君たちの小さな心が世界一の心になったね。おぢさんたちは君たちの心に感謝します。一生忘れませんよ。
- 皆様、本当にありがとうございました。私たちもがんばりますのでよろしくお願いします。
- 就職できるようにがんばります。
- 衣類をいただいて暖かく着ています。ありがとう。
- みなさんの優しい心をありがとう。うれしかったよ。（他21通）

（5）苦しむ人々と生きるインクルーシブ教会

神奈川教区福祉小委員会の開催する「障がい者と教会の集い」、また「福祉研修会」の講師として招かれて講演を行った。テーマはいずれも「インクルーシブ教会を目指して」である。

私は日本の教会における障害者の問題をそこで知ることになる。そこに集まった人々の中に障害のある人たちがいた。彼らは視覚障害、聴覚障害、発達障害、性同一性障害等の人々であった。知的障害者は一人もいなかった。日本の教会には知的障害者が入って行かれない状況があることを知った。桜本教会のように、自閉症、ダウン症、知的障害の人々がいる教会は極めて稀な教会なのだ。そこには、彼らが礼拝を妨げるのではないか、彼らは聖書の文言を理解できるのか、牧師の説教が受け止められるのか、教会生活をその人の生活基盤にすることができるのか、といった疑問等、様々な不都合な理由で教会は門前払いをしていることを知った。

信仰には知的理解が求められる。イエスの教えやパウロの手紙が知的に理解できるのだろうかという問いは、今でも多くの牧師たちにとって困難な問いになっている。事実、桜本教会でも初期の時代にはそのような質問が役員の中から出されたことがある。知的障害の女性を連れてきた養護学校の教員が、牧師の説教に対して、難しいのでこの子にとってもっと分かりやすい説教をしてほしいと要望したこともある。

障害のある女性は教会に来て25年を超える。礼拝前には説教の聖書の箇所を開けてもらうと、静かに目を通している。彼女はほとんど字が読めない。だが、皆と一緒に聖書を読んで礼拝を静かに待つ。牧師の説教は顔を上げて牧師を見つめる。説教が終わって牧師の祈りに合わせて、祈りの姿勢をとる。牧師の祈りが終わると誰よりも大きな声で、「アーメン」と言う。私には説教が分からないとは到底思えない。

知的障害者にとって、物事の理解は非障害者とは異なっている。私たちが言葉を通して理解する聴覚的理解ではなく、見たものから理解する視覚的理解という認知スタイルがある。一般的に自閉症の人たちの特徴として、この視覚優位が上げられていて、彼らの認知スタイルに合わせた視覚的手がかりをどのように提供するかが、彼らの活動を助ける上での留意点となっている。耳ではなく目で理解する障害者がいる。私は、彼女が彼女なりの方法で説教を理解していることを確信している。牧師の顔を真剣に見つめる彼女は、言葉からではなく、その語る口調や身振りなどのサイン言語から受け取っているのではないかと思う。

彼女は重度の知的障害者であり、神奈川県の発行する障害手帳は「A－1」（4段階の最重度である）である。養護学校や卒業後の施設では、尋常ではない自傷行為を繰り返し、病院での治療に明け暮れた経歴を持つ。顔や身体に目を背けたくなるような切り傷がある。教会でもしばし排泄のミスがあり、食事もスムーズには採れないこともある。それだけに彼女の礼拝への態度には、尋常一様でない真剣さが見られることが不可思議さを与える。知的に理解できないと一般的には考えられるが、それは非障害者の思考傾向から外れているだけで、そのように言い切ること自体、人間に対する不遜でしかない。

同時に私は礼拝という儀式への適応も重要な要因と思われる。礼拝の式次第は一定のリズムで毎週ほとんど変わらない手順で行われる。このパターン化された儀式が、障害者にとって型にはまった生活様式となり、安定さを生むことになっているのではないか。よく養護学校では定着した日程から、イレギュラーな日程（例えばその時期だけの運動会の練習の日課等）に変更されると、その変化について行くことができずに混乱する子どもたちがいて、あえて運動会を実施しない学校もある。パターン化された内容の授業が、子どもたちに安定感を与え、確実な成長が見られる。私の知っている例では、特殊学級で行った「茶道の授業」は、自閉症の生徒たちには極めて適性度の高い授業であった。茶道は定まった手順があり、それを知ればスムーズに適応できる。私は知的障害者の礼拝への適応力向上の理由をその点に見る。知的障害者が教会から排除されていることは、その人たちの障害の状況に合わせることのできない教会側の問題である。

さらに言えば、彼女をはじめとする知的障害者は、教会の中で本当に大切にされ、対等の関わりの中で、緊張感から解放されてのびのびと過ごしている。彼らには教会で果たす役割もあり、お客様ではない。朝の挨拶や帰りの挨拶には多くの人たちが笑顔や声かけをする。彼らにとって、おそらくは一番安心できる居場所となっているのだろう。教会を休むことはない。

それはホームレスの人々にとっても同様である。信頼できる仲間のうちに、心も身体も安心して解放される場所である。食事が終わり、後片付けが終わっても多くの人々はお茶を飲みながら、語らいの時を持つ。ここには誰が上か下かの序列も、支援する人される人の区別もない。神の前での食事は、神の家族の関係である。お互いが支え合う小さな社会が教会に出来つつあることを私たちは確信している。

(6)『ホームレス障害者』の反響

私は2012年9月に『ホームレス障害者』という本を出版した。桜本教会で20年にわたって支援活動を行ってきたが、彼らの中の障害者に焦点を当てて書いたものである。私は障害児教育を専門とする教師であったので、ホームレス障害者の存在を明らかにして、教育や福祉の課題を明らかにすること、ホームレスへの偏見や差別・排除の問題を指摘し、インクルーシブな社会の実現を意図して書いたものである。

新聞紙上に東京のホームレスには約3割の人に知的障害のあることとの調査結果が報告された。ホームレス支援活動に取り組んで20年、彼らと接していると障害のある人が予想以上に多いと知らされる。知的障害だけでなく、身体障害、視覚障害、聴覚障害、精神障害のある人もいる。発達障害と思われる人も少なくない。

私は教育センターで障害のアセスメント（実態調査）をしていたこともあり、障害の状況や特徴の把握については専門とするところであるので、基準を設けて彼らを見ると、明らかに障害が認められる人たちがいることが分かった。事例を紹介しながら、ホームレス障害者への対応を考察したのが、『ホームレス障害者』である。本書はいくつかの新聞や週刊誌に紹介されたため多くの人の目にとまり、その反響が約30人ほどの方から、手紙や電話で寄せられた。

教会の活動に興味を持ったのでいつか礼拝に出て活動に参加したいという声や、支援したいというありがたい申し出があった。だが、一方で、障害のある人や生活面で苦しい状況にある人たちは、自分の置かれた状況を説明し、理解してほしい、支えてほしいという。それは長い電話であったり便せん10枚に及ぶ手紙だったりする。北海道に住む人は、長く精神障害を患っているが、誰一人本気で自分の話を聞いてくれる人がいない。是非友達になってほしいという。病気や障害によって孤立し、話し相手もないままに過ごす人たちの寂しさを知らされる。

切実だったのは、教会に行っても相手にされない、来ないでほしいと言われる人たちがいることであった。鬱病になって治療を受けていたが、教会に行くことを決意して行ったところ、三ヶ月ほど通った頃に、牧師から個人的な相談には乗れないので別のところに行くように勧められたという。それは教会からの閉め出しを意味している。また、ある発達障害の方は教会に通っているが、牧師も含めて誰からも本気で相手にされたことはなく、意図的に無視されていると感じていて、いつの間にか行かなくなったという。そのことを担当の医師に相談すると、医師は「宗教者は語っていることと実際に行っていることが違うことが多く、教会には行かない方が良い」と言われた。社会の方が教会の実態を見抜いているのだ。

このような意見や要望に数多く接して、日本におけるキリスト教会の排他性を思い知らされる。多くの牧師は牧師就任に当たって、苦しむ人たちの教会を作りたいと語る。現代社会のあり方について行けず、社会の枠から転がり落ちる人たちに寄り添いたいと本気で語る。そのような決意を何度、何人から聞いたであろうか。だが、実態はそうではない。苦しむ人々が教会から排除されている。
桜本教会で共に礼拝を捧げてきたアルコール依存症の人が、事情があって故郷に帰ることになった。故郷でも教会生活を続けてほしいと願い、近くの教会を紹介し、そこの牧師に、事情のある人だからよろしくお願いしたい、と依頼した。しかしその場で、教会には入れないと断言された。教会に障害者やアルコール依存症の人が来たら地域の人たちが来なくなってしまう。彼らは教会の敵だ、とまで言った。確かに私たちの教会でも様々な問題を起こした人だが、15年も一緒に教会生活を送ってきた人である。教会が受け入れないでどこが受け入れるのかと思う。

神奈川教区では寿町支援として年間1200万円もの予算を計上して、ホームレス支援活動を行っている。寿町には多額の予算が付き、桜本教会には全く援助はない。これには様々な事情がある。寿町支援は教区全体で始めたことであり、教区が責任を持って行う事業である。一方で桜本教会は、教会が独自で勝手に始めたことであるので支援しないということなのだ。だが、最初に述べたように、横浜よりも多くのホームレスが在住している川崎の方が支援の必要度が高い。まして教会の中に入ってもらい、交わりの時を持ち、必要に応じて宿泊させる教会である。多くの教会の行う支援活動は、教会の中に招き入れての支援ではない。それは「炊き出し」であって「交わり」ではない。桜本教会の活動は、「支援活動」ではなく、「共生の営み」である。横浜市寿町を支援する教会は多い。だが、ボランティア活動として関わることと、

「共生の営み」には決定的な違いがある。私たちは排除しない。ボランティアで参加した牧師や教会員の教会は、ホームレスを教会に上げない。教会は彼らの居場所でないと排除している。桜本教会と寿町の取り組みの決定的な違いは、「宣教」か「社会活動」かである。桜本教会はホームレスや障害者など、様々な困難のある人たちが信仰を持って欲しいと願う。一緒に礼拝し、共に祈る。毎年洗礼者が現れる。寿地区の活動は、苦しむ人たちへの支援という社会活動である。そこから教会への門戸は開かれない。寄り添うことは、宣教ではない。

生活基盤の異なるホームレスを、自分の生活の枠の中には決して踏み込ませない。ここには共生はない。ホームレスや障害者が一人もいない教会が多いのは、「排除する教会」になっているからである。ここから先は入ることを禁止している。

聖書に示されているイエスの言動や初代教会に見られる原始共産制（持ち物を皆で共有すること）、相互に支え合う仲間関係とは、決定的に違う現在の教会のあり方を思う。できあがった制度を守ることに躍起になっていることから生ずることなのか、神学教育の貧困さから起ることなのか。聖書に帰ることから始めなければならない。

（7）インクルーシブ社会のひな形

私たちの桜本教会は、小さなインクルーシブ社会となりつつある。それは完成したものではない。足りない点や課題は多い。それでもめざすべきインクルーシブ社会のひな形であると考えられる。その具体例をいくつか取り上げてみたい。

〈許し合う関係性〉

教会では、支援するものとされるものとの上下関係はない。お互いが助け合う所として「居場所」の役割を果たしている。例えば、衣類や生活用品の配布はホームレスの人たちが自分たちで作ったルールで行う。その手順も自分たちで行う。かつては必要物品を教会側の担当者が渡していたが、それは彼らが行う。みんなで決めてみんなで守り、変更するときはみんなで会議して決める。与える者はここにはいない。みんなで分配するという、初代教会のやり方に倣っている。

お互いが自然と助け合うものとなり、教会は仲間づくりの場所、憩いの場となる。食事の準備も後片付けも衣類の配布もみんなが協力する。一緒にいることが楽しい空間になっている。もちろん、時には注意をしなければならない状況も出てくる。きれい事ではすまないこともある。けんかもあるし、酔っ払いもいる。でも許し合うことがインクルーシブ社会への第一歩なのだ。酔ったり暴れたりしたら二度と入れないのなら、それは結果的に排除になっていく。人は誰でも失敗をする。アメリカの三振制のように、軽微な犯罪でも二回までは許すが、次は厳罰処分にするということでは、失敗を重ねる人々に立ち直る機会を奪うことになる。何回まで許すという決まりはない。どんな失敗を重ねる人たちにも、チャンスはある。教会は何度でも許すことが原則である。実際にはしばらくほとぼりを冷ますというやり方を身につけるようになる。それに目をつぶる。

ホームレスの人々の中には、前科のある人が少なくない。犯罪に陥ることは、貧しさや今までの生育歴での課題があるからなのだ。そのように理解すれば、なりたくて犯罪者になったわけではない。そのような人々を許さなかったら、教会ではない。やがて荒れていた人たちも落ち着いてくる。かつての刃物で脅すという行為ももう10年以上見ていない。それどころかこのように語る人がいる。「教会に来ているのだからもう悪いことはしない」と。

先日の大雪の日、何人かが雪かきに来てくれた。彼らのある人が、私の車の上にある雪を落としてくれた。それはありがたいことではあったが、スコップで雪かきをしたため、車に傷跡が何本もついてしまった。彼には発達障害があり、何かするときによほど注意していないとミスをすることが多い。だが、私は叱らない。雪かきをしてくれたことは、教会や私を仲間としていることの表れだからである。修理にはお金がかかった。でもそれをとがめるよりは、彼の好意を素直に喜びたい。

教会を居場所とする人々は、教会を大切にする。それは規則で縛られない世界だからである。逆に自分たちが迷惑をかけないようにと自立していく。

〈誰もが主役〉

教会では誰もが主役である。一人ひとりに役割があり、それをお互いが認め合う社会となっている。多くの障害者がいるが、彼らは支援を受ける人たちではない。支援をする側にもなる。礼拝では、当日の当番となって、献金箱を持って会衆を回り、短く祈る。できないものとして役割から外すことはしない。何年にもわたるその行動は、落ち着いて堂々としたものになっていく。祈りは時には支援を必要とするが、立派にその役割を果たしている。障害の故に参加させないことは何もない。また惣菜を配る係り、お菓子を箱から出してテーブルに置く係りなど、障害があってもできる役割がある。大切にされるとは、人にやってもらうことではない。一緒に活動すること、みんなの仲間として活動することなのだ。

ホームレスの人々も同じである。朝早くから教会に来て米研ぎや野菜切り、食器並べ、衣類整理など、たくさんの役割をみんなで行う。受ける人ではなく、与える人になる。この参加型の社会こそが、私たちの目指しているインクルーシブ社会なのだ。様々なニーズのある人々が、そこに行けば支援されるのではなく、自ら支援する側に回る。そこは誰もが主役となる世界である。

〈地域を大切にするホームレス〉

支援活動を始めた頃は、地域住民はホームレスの人々の態度の悪さに閉口し、教会への苦情がたくさん届いた。だがしばらくすると、教会を拠り所、居場所にしたいと考え始めた彼らは、教会が地域から孤立しないこと、自分たちのことで地域住民から苦情が出ないようにと考えるようになった。地域の人々に迷惑をかけないように、また酔って暴れたり大声を上げたりしないように、自分たちで規制するようになった。

木曜日と日曜日の道路清掃は彼らが担当する。塵一つ落ちていない道路に、町内会の人々の見る目が変わった。雪かきも率先して彼らが行った。自分の家の前だけかくことが普通なのに、彼らは、道路の端まで雪かきをした。地域の方たちはねぎらいの言葉をかけた。

共生社会は一方的な理解啓発では進んでいかない。ホームレスの人々が地域貢献とも言うべき行動を、地域の人々に示すことから始まる。障害者も同様である。ある施設では障害者が施設の前から始めて、隣近所の家の前まで雪かきをする。それによって人々の意識が変わっていったという事例がある。

ニーズのある人々が社会への関わりの中で、人や社会のためにする行動が、特別視の枠を外すことにつながっていく。あの人たちも私たちと変わらないと思える姿を示すことがどれほど大切なことか。

〈存在する喜び〉

障害者やホームレスの人々が周囲の人たちと人間関係を持つことには困難さがある。それはコミュニケーション能力に問題があったり、人と一緒に生きることから外された状況で生きているからである。障害者の場合には、自分の意思を伝えるまで待ってくれないで、学校や施設の指導者や介助者の一方的な思い込みで決められることが多く、自分の意思を相手に伝えることが阻害されることも多い。それは自立心を奪い、過度な依存心を培う結果となっていく。それがコミュニケーションの問題の一つになっている。あるいは、意思を読み取る力量に欠けるという指導者、介助者側の専門性の問題もある。

一方、ホームレスの人々は仲間関係をつくって生きる人々もいるが、他者との関係を求めず、孤独の中を生きる人たちも多い。代表的なケースとしてのホームレス障害者が上げられる。障害の故に人との関わりが円滑に持てず、また生活上の様々な困難のために他者から受け入れられないことも多い。それは自ずと孤立した人生をつくり出していく。（拙著『ホームレス障害者』）

教会ではこの人々にスポットライトを当てて、その場の主人公にする。食事の後片付けが終わった後、会堂に場所をつくって「茶話会」の準備をする。お茶とお菓子で憩いのひと時を楽しみ、当日の主人公が登場する。それはみんなの前で自分を語ることである。話の内容はそれぞれである。生まれ故郷の話や今まで経験してきた仕事のこと、教会に来たいきさつ、時には競馬で儲けた話など、人前で話をする。みんなはそれを聞いて質問したり意見を言ったりする。もちろん上手に話せない人もいる。それを導く人もいる。そうやって人前で自分を語る。それは自分を世界に開くことなのだ。内に籠もって生きている人が、他者との関係に生きることへの前進である。

聴覚障害と知的障害を併せ持った人が、大声でたどたどしく話したこともある。みんなは「それで、それで」と話を引き出す。聞き取りにくい場合は、それはこういうことだと説明してくれる人もいる。その場の主人公をその人にしようとする場の設定は、自分を開いて行くことであり、それを聞いてくれる相手がいることを知ることであり、仲間関係をつくることに繋がっていく。

教会では、一年に二度カラオケ大会が行われる。障害のある人たちが主人公になる時である。彼らは自分の持ち歌を一生懸命に歌う。それを聞いている私たちは、手拍子やかけ声をかけて応援する。ホームレスの人々は、普段から教会の中で障害のある人々との温かな関係があり、歌の最中はおしゃべりすることもなく、精一杯応援する。歌い終わった彼らに大きな拍手と歓声が起こる。それに応えて、はにかみながら礼をする。ここでは障害のある人たちが主人公である。ある年はカラオケ大会の趣旨を理解せず、障害者を中心とするカラオケに不満を言う人もいた。だが、その人も教会が障害のある人たちをどれだけ大切にしているか、一緒に生きているかを知るようになって、そんな態度を恥じるようになった。

どのような状態であれ、仲間と共に生きていることが喜びである世界は、インクルーシブ社会のあり方である。障害者もホームレスも外国人も、自分を外に開放できて、それが心から受け止められる人々がいる世界こそが、共生の世界なのだ。そんな小さなインクルーシブ社会がたくさん生まれることによって、もっと住みやすい社会になる。またそのように目指すことが求められている。

〈聖餐式とインクルージョン〉

桜本教会では、ホームレス支援活動の開始の頃から、礼拝における聖餐式のあり方を、「オープンコミュニオン」に変えていった。聖餐に与る者を、洗礼を受けた者に限定しないで、参加者すべてに開くやり方である。そうしたのには次のような経緯がある。

１９９４年から川崎市のホームレス支援に取り組んだとき、ホームレスの人々は全国で３万人を越え、川崎市でも２０００人の人々がいて、教会での支援活動を伝え聞いた人々が大勢押しかけてきた。桜本教会は小さな教会で、詰めても100名入るのがやっとである。この教会に130～150人が支援を求めて列をなした。木曜日と日曜日の昼食とその後の日用品の配付は、大勢の人々でごった返し、食事は二部制にした。人によっては早朝から教会前に並ぶことがあり、近くの公園で待機してもらうことにした。

日曜日の礼拝は100人もの人々で満員であった。その際に問題となったのは、聖餐式のあり方である。私たちは与える者と受ける者、支える者と支えられる者という境界線を引かないで、神の前に平等であることを示そうとした。食事も交わりも神の前で一緒というスタイルにこだわった。それが、結果的に、誰でも受けられる「オープンコミュニオン」へと発展した。また、知的障害者も多く、聖餐式のパンとブドウ液に手をつける人もいて、その対応に悩んだこともある。このような実態もあり、「オープンコミュニオン」方式になっていった。その根底に、差別しない教会でありたいという思いがあったからである。それは、22年間続いた。その中から多くの受洗者が現れた。

教会では、この「オープンコミュニオン」について議論を重ねてきた。役員会や総会という信者の会だけでなく、未受洗者たち（ホームレスの人々）の前で、「オープンコミュニオン」と「クローズドコミュニオン」の違いについて、説明し、検討してきた。

そして今年になって、結論を出した。「オープンコミュニオン」を廃止して、本来の「クローズドコミュニオン」に戻すという結論に。

なぜ、聖餐式を元の姿に戻すのか。それは、差別しない教会のあり方の模索の中から生じたものであるが、もはや教会には差別や排除の状況は払拭されていると感じられたからである。また、そもそも聖餐式を差別の観点から見ることの誤りに気づいたからである。聖餐式をオープンにしなくても、教会に集まる人々は教会の包み込みを実感している。

かつての時代と違って、少人数になったホームレスの人々とは、それだけ強い絆で教会に繋がれている。礼拝後の後片付けや種々の集会に大勢が自然に参加する。聖書の学び、讃美歌練習、韓国語講座など、教会の信者未信者の枠を越えて集い合う。それは、教会に集うものにとってここが自分たちの居場所になっているからである。ホームレスも障害者も外国人も貧しい人々もみなで支える教会になっている。

未信者のホームレスが日雇いで地方に行ってお土産持参で帰ってくる。皆で食べたいという思いである。日雇いで稼いだ中から、クリスマスやイースターに1万円の献金を捧げるホームレスもいる。自分のものと独り占めしない。支え合うとは分け合うことなのだ。教会は彼らにとって間違いなく「家庭」であり「憩いの場」なのだ。既に対等の関係が出来上がっている。

差別や排除のないインクルーシブ教会がここにはある。私たちは聖餐式のあり方を考え、そして結論を出した。このことで彼らが教会から離れることはない。今までの取り組みもこれからの取り組みも、教会に集う者すべてがキリストを信じる者となることを目指している。新たな聖餐式を迎える前に、何人が洗礼を受けるであろうか。

教団や教区、そして多くの人々に混乱と迷惑をかけてきたことを幾重にもお詫びしなければならない。桜本教会の独自の取り組みが、主によってもう一度引き戻される。それは、教団や教区の教会と共に歩み続けることへの招きであると信じている。

第二部　苦難の中の人間

第4章　苦難を生きる

1　3・11東日本大震災から問われるもの

２０１１年3月11日14時46分18秒、宮城県牡鹿半島の東南東沖130キロメートルの太平洋海底を震源とする東北地方太平洋沖地震が発生した。地震規模はマグニチュード9・0で日本周辺における観測史上最大の地震であり、１９００年以降、世界で4番目の巨大地震であった。後に東日本大震災と呼称が統一された。

この地震によって、場所によっては波高10メートル以上、最大遡上高40・1メートルにも達する巨大津波が発生し、東北地方や関東地方の太平洋沿岸部に壊滅的な被害が生じた。

地震から約1時間後に遡上高14～15メートルの津波に襲われた東京電力福島第一原子力発電

所は、炉心溶解（メルトダウン）を起こして大量の放射性物質の漏洩を伴う重大な原子力事故に深刻化した。この事故はチェルノブイリ原発事故と同等であると見られている。

この大震災に伴う死者・行方不明者は12都道県でみられ、死者・行方不明者１万８４６６人、（２０１５年７月警察庁発表）という甚大な被害をもたらした。住宅についても全壊13万棟、半壊27万棟に及ぶ大きな被害をもたらした。この地震と放射性物質漏洩によって、40万人の人々が避難を余儀なくされている。

この災害による被害額は、16〜25兆円とされ、自然災害による経済的損失額としては史上一位であるという。

（１）大学生の投書より

大学生の女子。何をしていてもあのことばかりを思い出してしまいます。

あの日、私は祖母と一緒に逃げました。でも祖母は坂道の途中で「これ以上走れない」と言って座り込みました。私は祖母を背負おうとしましたが、祖母は頑として私の背中に乗ろうとせず、怒りながら私に「行け、行け」と言いました。私は祖母に謝りながら一人で逃げました。

祖母は三日後、別れた場所からずっと離れたところで、遺体で発見されました。気品があって優しい祖母は私の憧れでした。でもその最期は、体育館で魚市場の魚のように転がされ、人間としての尊厳などどこにもない姿だったのです。

助けられたはずの祖母を見殺しにし、自分だけ逃げてしまった。そんな自分を一生呪って生きていくしかないのでしょうか。どうすれば償えますか。毎日とても苦しくて涙が出ます。助けて下さい。

（読売新聞投書）


私はこの投書を読んだときから、この大学生が苦悩の淵から解放されることを祈り続けてきた。災害は失った人への限りない悲しみと、自分だけが助かったという罪悪感が心の襞にへばりつく。それは容易に解消されるものではない。震災後、瓦礫の中に座り込んだ若い女性を映した一枚の写真が世界中に報道された。絶望や哀しみに満ちたその女性がこの大学生と重なる。

この投書への回答は著名な心理学者が行った。彼女の苦しみを心底共感・受容した上での回答であった。尊敬する祖母にしてあげることを、周囲の人にしてあげなさい。それが亡くなった祖母を供養することだと書かれていた。

ではキリスト者としてこの大学生にどのような言葉をかけるのか。どんな言葉が心に届くのか。彼女はおそらくキリスト者ではない。信仰を持たない人には神の言葉は届かないのか。

大震災後に、「神は死んだ」という言葉をよく聞いた。神は人を守る者という一般的な神理解が根底から崩壊したという。日本人は初詣に家内安全、商売繁盛、無病息災を祈る。お彼岸には墓地に行き、先祖の霊に家族への見守りを願う。人生の節目にも神社仏閣へ行っては、人生の幸いを祈願する。神は人間に幸いと安全を約束し、保障するものなのだ。だが、震災はそのような神理解を根底から覆した。神が人を殺し、瓦礫の山を築き、人の世の幸せを奪い取った。そのような神に対して、「神は死んだ」と多くの人々は叫んだ。

（２）神は死んだ

人間の「神」という観念の生まれる契機は、遊牧民族においても農耕民族においても「恵」という自然現象と切り離せない。

その私たちが〝生かされ続けてきた〟長い恵みの歴史の中で、そこに神がいる、という観念は当たり前のこととして人間生活の中に定着した。

だがこのたび、神は人を殺した。

土地を殺し、家を殺し、たくさんの善良な民や、いたいけな子どもたちや、無心の犬や猫を最も残酷な方法で殺した。

そこに破壊があるから創造があるとするインド的神学にあっては、破壊にもまたそこに神が宿る。

果たしてそうか。

私は水責め火責めの地獄の中で完膚なきまでに残酷な方法で殺され、破壊し尽くされた三陸の延々たる屍土の上に立ち、人間の歴史の中で築かれた神の存在をいま疑う。

それはイワシの頭を信じる愚か者が叫んだように、〝罰があたった〟のではなく、神はただのハリボテであり、もともとそこに神という存在はなかっただけの話なのだ。

そして〝神幻想〟を失った私たちは孤立している。

しかしまた孤立ほど強いものはない。

哀しみや苦しみや痛みを乗り越え、神幻想から自立し、国家からも自立し、自らの二本足で立とうとする者ほど強い者はない。

日本と日本人は今、そのような旅立ちをしようとしている。


（たとえ明日世界が滅びようと　藤原新也著）

ある人たちは、大震災後に「これは驕り高ぶった人間に対する神の罰だ」と主張した。たとえば石原慎太郎都知事はそのように語った。ところが、罪なき人々の大量虐殺を神の裁きとする理解は、多くの人々が拒否したため、このような主張はやがて消えていった。

だが、被災地からはこんな声が聞こえてくる。宗教団体が被災地に入ることへの懸念は、当初から危惧されていたが、キリスト教は被災地から出ていって欲しいという現場の険しい声がある。天罰説を振りかざし、布教の機会と捉える宗教団体に、「大震災は神の罰、悔い改めよ」

と説く牧師たちがいるからである。被災者の苦しみを受け入れ、共感的に支えていくのではなく、上から目線での説教は人々の反発を招くだけなのだ。もともとキリスト教には、人の世で起こる事柄に対して神の意志を問うという神学的な姿勢がある。それは時として人の悲しみを無視することになってくる。観念的な神学的態度が、生きている人の状況を無視することになる。キリスト教の「排他性」や「非融通性」が問われている。キリスト教への理解のない日本の精神風土では、橋渡しの部分が無ければ、教義は民にとっての「戯れ言」でしかない。

宣教とは何か。キリストの言葉は人を介して行われる。一人の人の苦しみに向き合い、支え合って生きるときに、人は心を人にそして神に対して向かって開く。神の高みから発する人の声が人の心に届くことはない。絶対に正しいことでも、いや正しいことだからこそ、それを伝えるには同じ低さに立つことが望まれる。教育で言うところの子ども目線である。

あたかも自らが神になったかのように、瓦礫の山の中で「悔い改め」を迫る牧師たちの問題は、牧師としてというより、宣教としての未熟さを示している。そこでは誰がその言葉を受け入れるというのか。

一方でキリスト教会でも、大震災を巡って少なからず動揺が広がった。愛の神がどうしてこのような悲惨な出来事に沈黙したのかと。私の教会でも震災直後の礼拝で、ある信徒が神の義を問う、それも強く神を責める祈りを行った。「あなたはなぜ罪の無い多くの人々を死に追いやったのか。なぜ苦しむ人々をこんなにも生み出したのか。あなたは愛の神ではないのか」と。

その日の午後は、その祈りを巡って議論が起こった。多くの教会でも同様な状況があったという。キリスト教の教義からはどう答えるのか、それは古い神義論の蒸し返しではなく、この世に生きるキリスト者としての叫びである。

私は学生時代に通っていた教会の牧師の説教を思い出した。高齢の牧師が9月の礼拝の説教で、関東大震災について触れたのだ。牧師はこう語った。大震災の前日、用事があって長野県に来ていた。翌日大震災が発生して東京に帰れなくなり、何日も長野に留まった。その大震災で東京では火災が発生して、そのために多くの人たちが亡くなった。自分がその前日に長野に来ていたことに神の摂理を思った。神のご加護を心から感謝した、と。

私はまだ信仰を得ていなかったが、この牧師の説教に疑問を抱いた。自分が助けられたことを感謝することは良い。だが、東京では多くの人々が震災で命を落としている。その中にはキリスト者も含まれている。このことをどう理解するのか。神の摂理を持ち出すなら、被害者への摂理はどう説明するのか。命を助けられた者が、神の摂理について語ることは不遜ではないのか。私はその後、一時ではあったが教会を離れた。

信仰のある者にもない者にも、平等に災害は起こる。神は信ずる者を守られるとは、この場合何を意味するのか。

2　リスボン大震災が問いかけたもの

１７５５年11月１日、西ヨーロッパの広い範囲で起こった巨大地震は、津波の被害者約一万人を含む十万人が死亡したと言われている。特に被害の大きかったポルトガルの首都リスボンでは大地震の後に津波と火災で町がほぼ灰燼に帰した。推定されるマグニチュードは８・５〜９・０。震源はサン・ヴィセンテ岬の西南西約200キロメートルという。この災害によってポルトガル経済は大打撃を受けたために国内の政治的緊張が高まり、それまでの海外植民地政策は勢いが弱まり、大航海時代にはスペインと並ぶ強国であった時代は終わり、工業化の進んだ新興国イギリスにその地位を奪われるきっかけになったという説もある。

11月１日はカトリックの祭日（万聖節）であったが、地震の揺れは約３分間続き、幅５ｍの地割れができ、多くの建物が崩れ落ちた。即死した市民は２万人といわれる。生き残った市民は港に殺到したが、地震から40分後、高さ15メートルの巨大な津波が押し寄せ、港や市街地を飲み込んだ。この津波は二回にわたって市街地に押し寄せ、避難していた市民一万人が飲み込まれたという。津波に飲み込まれなかった市街では火の手が上がり、５日間にわたってリスボンを焼き尽くした。

当時のリスボンは27万５千人の人口であったというが、最大で９万人が死亡した。またモロッコでも一万人が津波で命を落とした。

この大震災は18世紀の啓蒙時代にあったヨーロッパの思想界に大きな衝撃を与えた。海外植民地にキリスト教を宣教してきた敬虔なカトリック国の首都リスボンが、教会の祭日に地震の直撃を受け、聖堂が破壊され、多くの信仰者の命が奪われたのである。神の国の入り口である教会での礼拝のただ中で起こった災害は、神に最も近くにいて守られてしかるべきと考える信徒の命を無慈悲に奪った。なぜこのような災害が起きたのか、当時の神学や哲学は説明できなかった。この出来事が神への信仰を揺るがせることになった。それゆえに、リスボン大震災はヨーロッパの啓蒙思想家に強い影響を与えた。（Wikipedia 参照）

テオドール・アドルノは「リスボン地震はライプニッツの弁神論からヴォルテールを救い出した」という。ヴォルテールにとっては、リスボンの悲劇は楽観論を容認しないものであった。当時のライプニッツの楽観論「慈悲深い神が監督するこの世界は最善の可能世界であり、すべての出来事は最善である」を打ち砕くものであった。

カントは人間の力の及ばない自然の巨大さに対する感情「崇高」の概念を、非常に重要なものとした。カントはリスボン地震についての書物を出版している。地震のメカニズムが超自然現象ではなく、自然の原因によって起こると仮定した。このカントの書物は、後世の地震学の始まりとも言われている。

ドイツの哲学者ヴェルナー・ハーマッハーは、硬い大地を「Ground」と呼ぶが、大地がぐらつく不安定なものになったといい、「リスボン地震によって起こされた印象は、ヨーロッパの最も神経質な時代の精神に触れた」という。デカルトの確実性がリスボン地震によって揺らぎ始めたのだ。

さてリスボン大震災によって強い影響を受けた思想家にヴォルテールがいる。「考える自由は人間の生命である」とヴォルテールはある手紙に書いている。ヨーロッパの絶対王政の崩壊と革命への予感が感じられる18世紀のフランスにあって、古代から当時に至る圧倒的な教養によって、宗教権力や盲信と戦い、農奴解放のために尽力したヴォルテールは、ポール・ヴァレリーをして「知性の王者」と言わしめた知の巨人であった。何より「18世紀はヴォルテールの時代」と言ったのは、彼より二歳年下のデファン公爵夫人であった。同時代を生きていた女性にそう言わしめたのは、それだけヴォルテールの存在と影響力が当時にあっては並外れていたことを示している。

この18世紀という時代は、理性が人間や社会に関わるすべての諸問題を判断し、理性こそが判断の中心に置かれるようになった時代である。理性で判断できないことは、判断ができないと認めることであり、キリスト教や神についての考察も理性の判断が優先するものであった。宗教は人間を救うものであるが、狂信は宗教のあるべき姿ではないと批判された。彼はそのような時代の精神を代表する人物であった。

この時代の哲学者たちの啓蒙活動を代表する言葉として、当時の「百科全書」派のディドロは次のように語る。「われわれが理性の明白で確かな決定を持つときには、いかなる場合にもそれが信仰に関わることだという口実で、決定と反対の意見を受け入れることをわれわれに強いることはできない。なぜなら、われわれはキリスト教徒である以前に人間だからである」と。

人間の持つ理性こそが全ての判断の中心にあるべきと言うこの時代の代表であるヴォルテールは、リスボン大震災を知った時に、「リスボンの災厄に寄せる詩」を書いている。

「すべては善なり」と叫ぶ誤れる哲学者たちよ、
駆けつけて眺めるがいい、この恐るべき廃墟を、
この残骸を、この瓦礫を、この痛ましい燃え殻を、
互いに重なり合ったこの女たち、この子供たちを、
あの大理石の下に散らばるあの手足を。
不幸に見舞われた十万の人間が大地に呑み込まれ、
血にまみれ、引き裂かれ、まだ動いているものは、
屋根の下に埋もれて、救いもなく、苦しみの恐怖の中で、
みじめだった彼らの日々を終えようとしている！
……

あなたがたはこの累々たる犠牲者たちを見て、こういう気なのか、
「神が天罰を下したのだ、彼らの死は罪の報いなのだ」、と。
いかなる罪を、いかなる過ちをこの子たちは犯したというのか、
押しつぶされ、血まみれになった母の乳房にすがるこの子たちは。
姿を消したリスボンは、歓楽に浸るロンドンやパリよりも、
多くの悪徳に耽ったのだろうか。
リスボンは壊滅した、そしてパリでは人はダンスを踊っている。

ヴォルテールは叫ぶ、これが神の摂理なのか、これがすべては善なりの世界なのか、と。神はこの世を善なるものとして創られた。この世における悪は現実のものではない。神は人間を、信ずる者を守りたもう。このようなことは信ずるに足りるのか。彼は自らの目に映るこの世の悲惨な状況に目を向ける。教会で語られる神の摂理や楽観的な考えを拒絶する。このような絶望的な状況で、なお神が善であり、義でありうるのかと。

リスボン大震災は、神は信ずる者を守られるということへの新たな疑問を起こした。礼拝のまっただ中に起こった大災害は、信仰者を無条件に守る信仰理解を打ち砕いた。その神への疑問は、今日も続いている。

3　苦悩の淵より呼ばわる声

私は神学校を卒業した後、社会の中で苦しむ人たち、貧しい人たちの教会の伝道師を務めてきた。一方で教会と自らの生活を支えるために学校の教師となって働いてきた。教会に仕える専任の伝道者ではなく、社会の中で生きることを通して、そこで出会う多くの人々との関わりの中から聖書の言葉を現実に起こっている様々な問題に照らして読むようになった。

苦しむ人々の教会の伝道者として生きることは、教師の生き方を模索する上でも強い影響を与えた。中学校の社会科教師として採用された私は、その後数年を経て、特殊学級の教師として生きることを決意した。障害のある生徒たちの傍らに寄り添う教師として生きたいと願ったからである。私は特殊学級の担任となり、障害だけではなく、様々な課題を持って苦しんでいる生徒たちも迎え入れる学級をつくった。不登校や非行、緘黙や外国籍、コミュニケーションに課題のある発達障害の生徒たちである。障害児の枠を拡げることによって、生徒数は大幅に増加していった。30名を越える年度もあった。

もちろんこのような取り組みには批判がなかったわけではない。障害児教育の領域を壊すものであり、普通教育の課題を特殊教育が抱えることへの疑問であった。また、統合教育の立場からは特殊学級に入級させることは新たな障害児を増やすことだとの強い批判もあった。だが、学校の中に居場所を与えられた生徒たちは、普通学級にはない強い支え合いや教師とのまた生徒同士との深い関係性の中で、それぞれの課題を克服していった。

私が念頭に置いていたことは、様々な課題で学校生活に適応できにくい生徒たちが、この学級での経験によって普通学級に戻れるようにすることであった。普通学級に戻すことが、学級経営の基本に置かれていた。実際に多くの生徒たちが、この学級から普通学級へと巣立っていった。言わば心理的な停泊地としての役割を担う学級であり、今日の言葉で言う「インクルーシブ教育」のはしりであった。

私はそこで多くの生徒たちに出会った。知的障害、肢体不自由、てんかん、精神障害、学習障害や注意欠陥・多動性などの発達障害、緘黙、チック、不登校、非行、外国籍、捨て子、虐待、そして貧困家庭など、生徒自身では乗り越えられない課題を持つ子どもたちであった。私は彼らが苦しみ叫ぶ声を聞いてきた。それは、どうして自分がこんなに辛い人生を生きているのかという心の訴えであった。障害は一生直ることはない。捨て子は母親に会えることはない。話したくても話せない子どもたち。そして日本人であれば経験することのない差別を受ける外国籍の子どもたち。私は彼らの社会自立のために教育を行ってきたが、苦しむ彼らを見てその傍らにいること、苦しみの一部を共有することしかできない自分の無力を感じてきた。いや、他人の苦しみを負うなどということは人にはできない。所詮、人の苦しみは他人事なのだ。せめて、子どもや親の苦しみを理解することに努めたいと願った。

子どもたちの苦しみは大人のそれとは違う。大人であれば生きている過程でもっと努力することも必要であったと思われることもある。だが、この世に生まれ落ちたときから、障害や劣悪な家庭環境に置かれた子どもたちには、そうなった「自己責任」などを本人に問いようがない。彼らの心の底からの叫びは誰が聞き届けるのだろうか。

一方、伝道者として生きてきた教会には、学校の特殊学級のように、様々な支援を必要とする人たちで溢れていた。それはそのような人たちとの「共生」を試みる教会の取り組みの結果であった。教会には知的障害、視覚障害、精神障害、発達障害などの障害者、ホームレスの人々、様々な国籍を持つ外国人、アルコール依存や犯罪の更生者、そして貧しい人々である。ホームレスや外国人、アルコール依存症の人たちの中に、障害のある人たちが多くいることも知らされた。それは私のもう一つの専門である障害児教育からの視点のゆえであった。

ホームレスの人々は、最初からホームレスになったわけではない。様々な事情の中で路上で暮らすようになった人々である。高齢で働けなくなった人、障害のために人とのコミュニケーションが取れない人、うつ病で入院と路上生活を交互に繰り返している人、家族や親族の支えがなく、友だち関係もつくれない人、などである。

世に言われる「こんな人生になったのはお前の自己責任だ」という厳しい指摘が、的外れと思える人々が多くいる。私はこのような人々と長く付き合ってきて、子どもの苦しみは生まれ落ちたときからの苦しみであるが、大人の苦しみは本人の努力不足がその要因と考えることの間違いを知るようになった。彼らの多くは、この世に生まれてきたときからの重荷の中で、今も苦しんでいる。それは、誰も代わって負うことのできない重荷であり、誰にも本当には理解されることのない苦しみである。

（1）脳性マヒの少年

彼には脳性マヒの障害があった。右手右足の片マヒがあり、歩行でも手作業でも円滑に動作することが困難であった。

脳性麻痺とは、脳の成長・発達が完成する以前に脳に招来した損傷に起因した永続的な、しかし変化の可能性もある、姿勢および運動の異常で、その他多くの障害の合併がある。ほとんど全身的に運動・動作の不自由が見られ、随意動作がうまくできなかったり、不随意の運動が起こったりする障害である。

彼には軽度の知的障害もあり、二つ以上の障害を併せ持つ「重複障害」として学級に在籍するようになった。肢体不自由だからと言って特別扱いは止めてほしい、できるだけ厳しく指導してほしい、それが母親の希望だった。

そのためか、彼は負けずぎらいの性格だった。朝会や学年集会で整列するとき、みなの動きに巻き込まれては、と心配して「後ろから行こう」と言っても、「いやだ」とみんなの中に入る。そのために人に当たって何度も倒れる場面が生じる。体育の授業や移動のときは、安全のためのヘッドギア着装をするという決まりをつくったにもかかわらず、自分から外してしまう。美術や技術の授業では、右手が不自由なことを知っている教師が、援助しようとすると、かたくなに拒否をする。工作などは最も苦手なものだったが、人の手助けを押しのけて、独力でやりたがる。何度失敗しても、目に涙を浮かべて挑戦する。事故防止のための配慮、不自由さをカバーしようという配慮は、彼にとっては煩わしいものだった。

ある日の体育の授業。柔らかなバレーボールを使用してバスケットボールの試合を行った。運動能力にも課題のある生徒たちが多く、あまり動けない生徒はゴールの下に来てシュートするように決めていた。その試合中、彼は他の生徒の速い動きについていけず、身体接触を起こして激しく転倒した。あまりに激しい倒れ方に驚いた私は駆け寄って抱え起こし、「少し見学するか」と声をかけた。だが、その言葉は彼の耳に入らず、彼はヘッドギアを片手で外し、床にたたきつけた。その勢いで彼はまた転んだ。激しい悔しさと怒りの表出であった。

それから一週間ほどして、彼の母親が相談したいことがあると現れた。最近不安定な状態になっているという。家ではいつもイライラしていて、ちょっとしたことで突っかかってくる。最初はただの甘えだろうと思っていたけれど、そうではない。一週間ほど前から、彼は母親に向かって、「こんな体に産んでくれてありがとうね」と言うようになった。体が不自由で、そのために辛いことがあることはわかっている。でも、元来優しい子で、親に対してその辛さをぶつけることはなかった。昨夜は、「こんな体なら生まれてこなければよかった」と、泣きながら怒鳴った。

「息子がもって行き場のない辛さを、私にぶつけるのは仕方がない、と思っています。でも、あまり責められると辛くて……」。そう言って母親は泣き崩れた。

障害のある子どもにとって、自分の障害を受け入れ、何ができ、何ができないかを理解して、必要な援助を求めていくようになるまでには、さまざまな過程がある。人には簡単にできることが、どんなにがんばっても自分にはできない。それを認めるのは辛いことだ。できないことによって、自分が人とは決定的に違うことを知る。無能感、孤立感、周囲への拒否的な感情が生じてくる。でもそれを乗り越えなければ、人生を前向きに生きることはできない。

彼の苦しみは、障害受容の苦しみであった。これは障害児教育の教師の指導の重要な課題である。障害を持って一生を生きることを、辛いけれども腹の底から受け入れることであり、そのうえで自分らしさ、自分にしかできない生き方を模索することなのだ。本人の苦しみは、所詮他人には負えない。だが、そのことを受容させることが教育なのだ。

次の日、彼を特別指導室へ入れ、単刀直入に言った。自分の人生は自分が担いで生きていくのだ。他人が代わって生きてくれることはない。また他人のせいにして、ごまかしたり、他人に当たり散らすことは間違いだ。どんな不自由さがあっても、どんなにできないことがあっても、この体で一生を生きていくしかない。ない物ねだりをして生きるのではなく、この体、この心でしっかりと生きていくのだ。君の人生はどう生きても、君のものだ。一生溜息をついて、つまんない人生だと今からあきらめて生きるのか。何かできないことがあっても、必死に挑戦して、ヤッター！　と言えるものを求めて生きるか。それは君の気持ち次第だ。間違っても母親を責めるべきではない。母親はどれだけ君を支えているか、君が知らないわけがない。登校下校もどこへ行くにも君に寄り添って、いつでも自分のことを二の次にしている。この母親を苦しめることは間違いなのだ。自分が不幸だと思うから他の人に、特に母親に強く当たることになる。

彼は話を聞いて泣き始めた。口から漏れた涎が長く糸を引いた。最後に私は言った。「君のお母さんは、不自由に負けないように、人に頼らないように君を育ててきた。君のがんばりを見れば、お母さんの必死の育て方がよくわかる。お母さんは、君の苦しみ、辛さをいつも一緒に負っていてくれる。君の苦しみは2倍となってお母さんの苦しみになるし、君の喜びは2倍となってお母さんの喜びとなる。だから、お母さんに喜びをあげよう。私は、君のお母さんを心から尊敬している」。彼は声を上げて泣いた。

とはいえ彼がすぐに落ち着いたわけではない。障害を受け入れることとは、一生かかっても難しいことなのだ。なぜ他の人ではなく、自分がこの障害を負うのか。なぜ自分や親だけがこんなに苦しむのか。

彼の言った言葉が脳裏から離れない。「生まれてこなければよかった」。

（２）捨て子の少女

幸子は児童相談所の紹介で、１年生の３学期に転校してきた。転居に伴う転校だったが、彼女には特別なニーズがあり、それで特殊学級への入級となった。

彼女は捨て子だった。お寺の門前に置き去りにされていたのを見つけられ、乳児院に入れられた。川崎市長が、そんな境遇に負けない人間になるように名づけ親になったという。「幸子」が彼女の名前であった。その後、児童施設で育ったが、小学校２年生のときに里親制度によって養子縁組がなされて以後、里親のもとで生活してきた。児童相談所は里親制度の対象者のケアに当たっていて、彼女をずっと見守ってきたが、学校にはずっと適応できずにいたという。

知的障害があるわけではない。ただ、人との関係を結ぶのが難しく、とくに他人に対してきつい言動があって、周囲の子どもが寄りつかない。当然、友だちもできないし、孤立傾向にある。今までの小・中学校でも仲間はずれにされたり、いじめに遭うこともあった。しかし、彼女は強いものをもっていて、やり返すことができた。だから不登校にならずにすんでいる。だがこのままでは、人との関わりが上手につくれないままで終わってしまう。そこで、児童相談所の依頼を受けたのだった。私のクラスには、障害、不登校、非行、緘黙、外国籍など特別なニーズをもっている子どもたちが集まっていて、児童相談所との連携もできている。私は二つ返事で引き受けた。

だが幸子の指導は難しかった。トラブルが起こらない日は一日としてない。それも周囲の生徒への小さな攻撃なのだ。強い生徒が相手だと口論となり、場合によっては喧嘩に発展することもあって、大柄な彼女のパンチが飛ぶ。トラブルのたびに注意しても、真面目に聞こうとはしない。かと言って非行の生徒のように、外でトラブルを起こすことはなく、ふてくされるというのでもない。もっと冷めたところでこちらの対応を見ている感じなのだ。一方で、友だちになれそうな生徒を考えて、席順や班の割り当てをしても、彼らから返ってくる答えは、「いやだ」の一言。

私たちは指導に悩んだ。このままでは彼女だけでなく、クラス全体がまとまらなくなる。しかし、どんな生徒でも、このクラスでそれぞれの課題を乗り越えてきているし、幸子だけが例外ではない。

ある日、休み時間に彼女は男子生徒と悶着を起こした。いつもなら、周囲の生徒が止めに入って、その場が鎮まるか、教師の仲介にいたって終了となる。しかし、今回は何人かの生徒が、いっせいに彼女に攻撃を始めたのだ。日頃積もっていた怒りが一気に爆発したのだ。口論が発展し、取っ組み合いになった二人を見て、何人かが男子生徒に加勢した。一対一なら男でも負けないが、複数の男子では歯が立たない。彼女はその場を逃げ出した。彼女が逃げたのは初めてだった。私は騒ぎを聞きつけて彼女を探すと、屋上への出口の前で座っていた。「どうした?何があったんだ」と尋ねると、「フン!」と言って、無視する。彼女の制服は、袖がちぎれかけ、ブラウスのボタンもなくなっていた。それでも、涙一つ流さない。彼女のなかの堅い固まりが見えた気がした。

私は次の時間、特別指導室で、幸子とじっくり話すことにした。私は幸子の目を見て言った。「どうして君はそう人に突っかかっていくのか。自分からかっとなって喧嘩を売ることはもう止めよう。このままでは、クラスで君の味方は一人もいなくなる。このクラスは、辛いことのある一人ひとりが助け合って生きていくクラスなのだ。人のことを大切にしなければ、人のなかで生きていけないことになる」と。

彼女は話の途中で、横を向いて唇をかんだ。聞いているのかいないのか。私は彼女に、こっちを見なさいと言い、辛いことがあっても人に当たるんじゃないと諭した。その途端、彼女は爆発した。「フン！　先生に何がわかるの。辛い人の気持ちが少しでもわかるって言うの」。そして続けた。「私には親がいないの。生まれたときに捨てられたの。要らない子なの。生まれてこなければよかったの。それが先生にはわかるの」。

私はとっさに言った。「でも、今のあなたには親がいる。あなたのことを誰より大事と考えてくれる親が……」。「フン、あんなの親じゃない」。

下を向き、唇を強くかみ締めていた彼女が、突然、わっと激しく泣き出した。そして叫んだ。「お父さん、お母さん！」。

初めて見せる姿だった。どんなときにもたとえ教師に対しても強さを全面に出していた彼女が涙を見せている。私は泣いている彼女を黙って見ていた。泣くことができれば、心のなかにある堅いものもほぐれてくる。まして、心の内をぶつけ人前で泣けるのは、人に求めるものがあるからだ。一歩前進だと思った。

彼女が捨て子であり、里子になっている今の生活も満足できるものではないことを知った。親に捨てられた子どもの悲しみは、一生癒えることはない。誰よりも自分に関わってくれる親の存在が、人の心に他者への信頼感を生じさせる。愛着関係が形成されなかった捨て子は、どこにその悲しみをぶつければいいのだろう。彼女は叫んだ。

「私は捨て子なの。要らない子なの。お父さん、お母さんに会いたい！」。

（3）ホームレス障害者

その日の礼拝は、ある人の葬儀を兼ねたものとなった。教会ではホームレスが信者になって教会生活を過ごすうちに、高齢や病気によって亡くなられる方もいて、その葬儀を行うことがある。身寄りがない場合には福祉事務所が葬儀を行い、無縁墓地に埋葬される。人によっては家族や親族が判明して、葬儀が行われることもある。故人が教会の信者であることが判明した場合には、連絡が入り、教会で葬儀をすることになる。ただ多くは教会の信者であることは後に判明することであり、その場合には遺骨がないまま、教会で葬儀をすることになる。彼も遺骨のないままでの葬儀となった。

彼は明け方にバイクにはねられて20メートル近く飛ばされて死亡した。ほぼ即死であったという。なぜ夜明けに川崎駅周辺を歩き回っていたのか。それは毎日早朝から空き缶拾いをするのが日課となっていたからである。

川崎駅の近くにある病院の近くの横断歩道を、信号無視で駆け足で渡ろうとしたその時に、若者の乗った大型バイクに跳ね飛ばされた。バイクの若者は危険と感じてクラクションを鳴らした。しかし、彼の耳には届かなかった。彼には聴覚障害があった。72歳の生涯を閉じた。

この日の牧師の説教では、彼の生い立ちや教会との関わりが話された。長崎市に生まれ、7歳で終戦。中学校卒業後に親の職業である漁師の仕事をしていたが、やがて東京に弟と二人で出てきて働いた。町工場や飯場を転々としていたが、歳を取って働けなくなるとホームレスになり、川崎に定住。20年前に始めた教会のホームレス支援には、当初から参加していた。やがて福祉を受けることになり、ドヤに居住するようになる。教会へは礼拝も含めて何年も休むことなく通っていたので、牧師が声をかけて洗礼を勧めた。教会の仲間になることを喜び、すぐに洗礼を受けると答えた。2年前のクリスマスの日である。

信者になると、不自由な身体ではあったが、みんなの中に混じって笑顔を絶やさずに教会に仕えて生きてきた。手際よく仕事をすることができなかったが、玄関でスリッパをそろえたり、下駄箱にいれる役割を好んだ。這いつくばってみんなに奉仕するその姿は、御子イエスの人に仕える姿勢を示すものに思われた。

礼拝後のしのぶ会では、一人ひとりが彼との思い出を語った。ある人が、とにかく耳が遠かったなと言ったとき、全員がうなずいた。以前自分の生い立ちをぽつりぽつり語ってくれたときに、母親が聾唖者で口がきけず、身振り手振りで会話していたことに触れた。彼は老人性の難聴ではなく、生まれついての難聴者であったのだ。

教会のホームレス支援は近隣の人々との理解なくしては成り立たない。できる限り迷惑をかけないように細心の注意を払うようにとみんなと約束事もするのだが、守られないこともある。教会のある通りに、勝手に自転車を止めないこと、早朝から地域の民家の近くで大声で話したり騒いだりしないこと、酒を飲んで暴れたりしないこと、教会でもらった衣類に着替えて、着ていた衣類を民家の庭や道路に捨てていかないことなどの約束事があるが、それが時々守られず地域の方から苦情が入ることがある。

ある日警察から連絡が来た。早朝から大声で話す人たちがいて寝ていられないという苦情が寄せられたので、何とかしてほしいとのことだった。どうもよく考えてみると、彼が早朝から教会に来て、玄関が開くのを待っている。そこに年配のホームレスが来て、二人とも耳が遠いことから、大声で怒鳴りあうような会話をしていたためだと判明した。

また彼は仕事があまりできず、教会の食事の準備でも後片付けでも、やりたい気持ちがあって進んで手を出すのだが、何をしてもピント外れで、人の迷惑にしかならない。そんなことから、人から邪険にされることも多かった。食事の準備は戦場のような忙しさである。何しろ百人分の食事を短時間で作り上げなければならない。牧師の鋭い指示が飛び交う中、てきぱきした動きが求められる。確かにそんな状況では、彼は周りの迷惑になることが多かった。「そっちで座ってろ」の声がかかる場面もあった。手にしたおかずを盛った皿をひっくり返したこともある。それをきれいに片付けることもできなかった。教会の軒に雨露をしのぐためのシートを作ったが、それを引き出したり、巻き戻すことも上手にできず、強引に巻いたために器具が壊れて買い直したこともある。何万円もするものだったので、担当者を決めてその人以外は触らないことにしたが、それでも彼はその仕事をやりたがり、他の人から厳しく注意されたこともある。結局手伝いたいという気持ちはあっても、動きについて行かれず、邪魔にならないように見ているしかなかった。彼の大切な仕事はスリッパの整理だけであった。そんなことも、親しい友だちができなかった理由なのだろう。

日曜日には朝早くから教会に来て、子どもたちの教会学校の礼拝にも出席した。だが、子どもたちが静かに説教を聞いているのに、手に持った紙をくしゃくしゃして音を立てたり、落ち着きなく会堂を歩き回ったりした。場面適応が難しいのだ。この場では何をするのか、何をしてはいけないのかが判断できないのだ。

彼は文字の読み書きができなかった。礼拝の当番では献身の祈りを捧げることになっているが、短い祈りの文を読むことができなかった。自分の名前も正確に書けなかった。彼には知的障害もあった。

中世のカトリック教会では、言葉のない聾唖者は信仰の持てない者として、教会への出入りが禁じられていた。言葉は神からの贈り物であり、これを有しない者は神から出でし者ではないとされた。後に、ルターがこの教義を変え、聾唖者も信仰を持てる者として教会への出入りが許されたという。

今日でも、障害者に信仰は持てるかということが話題に上る。中世の教義が生きている教会や牧師もいる。ある牧師は私の教会に通う障害者について、教会が好きで礼拝に通っていることと信仰とは何の関係もないと断言した。何という奢り、差別であろう。信仰とは言葉だけ示されるものではない。体全体で、心全体で表すものだ。神は言葉のない者の祈りを聞かないというのか。障害者の祈りを受け止めないというのか。

彼は障害者として、ホームレスとして辛い人生を生きた。もっと早くに彼の障害に気づいたら、別の対応があったかもしれない。障害者施設に入所していたら、友だちもできたかもしれない。ホームレスから生活保護者になった段階で彼への支援が終了したわけではない。障害ゆえに人との関わりが作れない彼の孤独こそ、支えるべき点であったのだ。人生の最後に教会の仲間になって、好々爺のように笑顔を絶やさなかった彼には、仲間を得た喜びの表情があった。少人数の時には、心を開いて色々なことを語った。

だが一人になったときは孤独の中を生きていた。いつも公園で独りポツンと座って一日を過ごしていた彼の孤独は癒しがたいものであったに違いない。彼の言動は、荒んだ心のホームレスの人たちの格好の餌食になった。馬鹿にされ、殴られ、蹴られ、僅かなお金を取り上げられて、障害への蔑みの中を生きた。

私は障害のある人たちと長年生きてきて、いつしか障害者の孤独について考えるようになった。障害のある人たちと心を通わせる場面はたくさんあった。だが時折彼らがふっと心を閉ざすことに出会う。最初は彼らの集中力や理解力の不足によるものだと考えていた。だが、そうではなくて、彼らの心の根底に「人は自分を心底理解してくれることはない」という諦めがあるからではないかと思うようになった。自分と関わってくれるとしても、それは「先生」だから、「介護者」だからという職業的な関わり方でしかない。それがなくなれば、世界と人との繋がりのない独りぼっちの世界となって、孤独の中を生きていることになる。

もちろん私は、教師として、職業としてだけでなく、人と人とのふれあいとして、子どもたちに関わってきた。またその大切さを語ってきた。しかし彼らは、生きる過程で味わってきた、自分を理解してくれる人などいないという絶望が、自らの心を閉ざすようにしているのではないか。それは、仲間にしようとしない社会に対する抗議ではないのか。

ホームレス障害者はこう叫んだ。

「仲間にして下さい、仲間にして下さい」と。

（4）アルコール依存症者

彼は飲んだくれの暴れ者だった。教会の近くに住んでいた彼が、礼拝に出席するようになった。伝道集会の案内を見て教会に行ってみたいと思ったのが、教会との出会いだった。しかし、酒癖の悪さからどれだけ教会に迷惑をかけたことか。この世の修羅場とも思える場面が何年にもわたって続いた。

酔っては教会にやって来て、礼拝が中断することがしばしば起こった。飲んだら教会に来ないという約束は守られなかった。外に出そうとしても、暴力をふるって居直った。もう一人、酔って教会に出入りする人もいて、教会としてどうするのかがいつも緊急の課題となった。しかし、結論は二人を抱きかかえて一緒に教会生活をすることに落ち着いた。役員が家庭訪問をして、牧師以外の者が関係をつくることを試みた。当時、神学生であった私は、彼のアパートに泊まって、酒を断つことを試みた。

最も大変だったのは牧師とその家族であった。日雇いをしていた彼は、飲んで週日に教会に押しかけた。刃物を持ち出したことも何度もある。牧師の家族が教会に住めなくなることも度々だった。相手をするにも限度があった。だが、牧師は辛抱強くいつも相手をしていて、神を信じて酒を断つことを勧めた。酒のためにアパートを追い出されるたび、新しいアパートを探して保証人になった。何度も大家さんに菓子折を持って謝罪することがあった。そして酒を断つために病院へ付き添い、そこでもらった抗酒剤を預かって、毎朝暗いうちに日雇いの仕事に出る前に彼に飲ませたりもした。だが長くは続かず、困難な状況は改善されなかった。

ある時、私は教会に行って、彼が教会のおばあちゃんに手をかける場面を見た。80歳過ぎの30キログラムないようなおばあちゃんの襟を掴んで引きずり回していた。私はそれを見てついに切れた。日ごろのあまりにひどい暴力に耐えていたが、年寄りに何ということをするのか。私はおばあちゃんから彼を引き離すと、そのまま教会の砂場まで引きずっていった。砂場はかつて教会で保育園をしていたときの名残であった。私は年寄りに手を挙げることは許されないと言って、彼を投げた。柔道三段の払い巻き込みが決まった。怒りを抑えられなかった私は、わざと巻き込んだのだ。一回転した彼の体の上に私の体が落ちた。彼は悶絶した。しばらくすると起き上がって私を見た。そして土下座して私にわび、そのままゆっくりと帰って行った。私は不安になった。彼を投げたのは私であるから、私が恨みを買うのはかまわない。ただ、教会に住んでいる牧師の家族に迷惑がかかるのではないかと。しかし、それは無用であった。彼はもう暴力を振るわなくなった。どんなに飲んだときも。

そんな中で私は、彼の酒に溺れる胸中を聞くことがあった。飲んで私に語ったことは、彼がとてつもない苦しみを抱えて生きていることだった。

彼は東北の山村のお寺に捨てられた捨て子だった。養子としてもらわれていった家にはその後二人の弟が生まれ、辛い少年時代だったと彼は語った。中学校卒業と同時に北海道の炭坑で働き、たこ部屋での辛い生活を何年も過ごした。その後川崎に出てきて日雇いの仕事をしたが、家族との関係は絶たれ、家庭を持つこともできず、親しい友だちもいなかった。親に捨てられた人間、生まれてきてはいけなかった人間に幸せなんかない、友だちなんかできる訳がないんだ、こんな人生にどんな意味があるのかと捨て鉢になって、いつしか酒が断てない体となった。炭鉱で働いた代償は慢性気管支炎であった。彼はいつも咳をしていた。病気の身体をごまかして生きるために酒を飲むようになったとも言った。福島原発でも働いていた。誰が好きこのんで危険な原発の作業員になるものか。人生を捨てた男たちが行くところだと彼は語った。

彼は最後に叫んだ。「神様がなんだ。神は俺に何をしてくれたんだ。何一つ与えてくれなかった。そんな神を信じられるか！」と。

泣いて叫んだ彼の心の底にあるものを見た。私は彼の苦しみを理解するどころか、酒癖の悪さからどれだけ拒絶してきたか。それを知ったときから、彼の酒癖の悪さを許そうと思った。こんな苦しみを抱えて生きている。彼の辛さを一緒に受け入れよう、それが私たちの思いとなった。やがて彼は洗礼を受けて、教会の仲間となった。だが、酒癖の悪さは相変わらずだった。

しかし、彼に転機が訪れた。彼はあれほど行きたがらなかったＡＡ（アルコホーリクス・アノニマスという断酒会）に通うようになったのだ。彼はそのことを次のように語った。教会に迷惑しかかけない自分のために、教会の仲間は許して支えていてくれる。こんな自分のためにみんなはいつも祈ってくれている。そのことが分かったからだと。

そして何と教会に来て25年目に奇跡の断酒に成功した。その後3つのＡＡのグループのリーダーとして、酒に苦しむ人々の支えとなっていった。ＡＡは空白の時間をつくらないことを基本としているため、教会に来ることはできなかったが、いつも教会のために祈り、苦しい生活の中から献金を欠かさずに捧げてくれた。

死の前日の夜半、苦しさのために教会に電話をかけて助けを求めた。牧師と私は彼のアパートに行って救急車を呼び、緊急入院の手続きをしてから、翌日また来るからと言って帰った翌朝、天に召された。彼は死の直前にもう間に合わないかもしれないからと、看護師さんに言い残した言葉がある。それは「牧師にありがとうを伝えてほしい」だった。繰り返し繰り返しそう語ったそうだ。牧師の背後に教会が、そして神がいる。人生の最後に、生まれてきて何一つ恵まれなかった人生を神に感謝したのだ。

捨て子として生まれ、その生涯を炭坑や原発、大便の浮かぶ地下道などどん底の仕事に携わり、アルコール依存症と片足切断の障害を負い、何年もの間公園や多摩川べりに住み着くホームレスとなった。北海道の炭坑では肺結核となり、それが彼の健康を生涯むしばんだ。家族を持つこともかなわず、家に帰れば孤独が待っていた。しかし、晩年には友だちができた。アル中で苦しむ人たちの友となり、彼らを支え励まし続けた。教会の仲間も生きる支えであった。独りぼっちではなかった。何より神が彼の心の支えとなった。神の前で生きることが彼を支えた。

住んでいた地域は他宗教の人々が多く、彼も入信を進められたが、「俺にはキリストがいる」と宣言し、そのため隣近所から疎まれることも度々であったと聞いた。

彼の葬儀には、大勢のアルコール依存で苦しんでいる人々が参列した。彼が支えてきた人々は、自分たちが何を失ったかを知って悲しみ、途方に暮れていた。その中には、ホームレスとして教会に何度も来ていた人たちの姿が多く見られた。

酒に溺れて正体をなくし、寝小便で畳が腐りかけている部屋で、涙と鼻水でくちゃくちゃになった彼がこう叫んだ。

「神は俺に何をしてくれたのか。何一つ与えてくれなかった。そんな神を信じられるか！」

第5章　神義論

古来、神の絶対性や神の摂理とこの世における悪の存在の問題は、神義論という名称で呼ばれ、様々な形で論述されてきた。神が世界を創造し、創造を善きことと意図した被造物の世界（創世記1章）に、なぜ悪なるものが存在するのか、という神義論の問題は、大別するならば、神の絶対性を是認しないことによってのみ、悪の存在を説明しうるという方向と、むしろ神の絶対性なるが故に、この世の悪は存在せず、むしろ悪が存在するかの如く認識する我々人間の側に根本的な問題があると解明する方向という、二つの流れがあった。

神学史的に見るならば、教父時代には護教的意図のもとに、非存在としての悪という考えを立て、一方を立てるが故に他方を切り棄てるという試みで理解しようとした。これは明らかにグノーシス及びマニ教等の二元論的思考の影響であろう。

しかし16世紀、宗教改革者ルターによって、神を正当化しようとするいかなる神義論の試みも不可能な企てであるとして否定された。人間が神の義を問うのではなく、神によって人間の義が問われていることが重要であり、たとえ神の義が理性に反する様なことであろうとも、信仰においてこそ求められなければならないと説かれたのである。

だが、このようなルターの神義論の否定は、その後の近代合理精神において再び論議の対象とされるようになった。例えばライプニッツにおいては、この世は全き善であり、悪は善になる可能性を持つもので、単に善を引き立たせるものに過ぎないとして、神の絶対性を擁護しようとした哲学者もいる。

それでは、この問題をどう理解したらよいのか。私は1章でこの世で苦しむ人びとを取り上げ、彼らの悲痛な叫びにどう答えるのかという視点から、神義論を取り上げてみたい。それは哲学者や神学者の観念的一般的な理論ではなく、現実の世界の中で苦しむ人びとと共に生きてきた、私自身の問いへの答えでもある。

ただ、神義論は過去の哲学や神学の中で多くの人たちによって取り上げられてきた主題であり、その概要や基本的な考え方を理解しなければならないと思う。特に、現代の神学者や宗教哲学者はこの問題をどのように捉え、どのように論じているのかを探ってみたいと思う。

第1章でも触れたが、私に大きな影響を与えた神学者K・バルトと宗教哲学者N・A・ベルジャーエフの考えを引きつつ、この問題に迫りたい。

神義論の問題は、教義学や宗教哲学の一領域に留まらず、宗教とは何か、信仰とは何かを理解する上で重要なものになる。それは生身で生きている私たち人間のあり方を理解することに直結するからである。

1　神義論史素描

①プロティノス

神学史的背景にこのプロティノスを加えることには、若干の問題があるかもしれない。確かにギリシャ精神の総決算とも言うべき新プラトン主義のプロティノスにおいては、キリスト教信仰の欠如は否めない。しかし、後世、特にアウグスティヌスに与えた影響、さらに、この世の悪の問題の独創的な解釈等の理由によって、ここで彼の所見を探求することは強ち不適切とは言えないだろう。

プロティノスが悪について論じた『エネアデス』の一篇は、「グノーシス派を駁す」という副題が付けられている。グノーシス派は世界における善と悪との闘争の中に、すべての出来事が生ずるという二元論を主張していた。これに対し、プロティノスは神、すなわち一者（ト・ヘン）より万物が流出し、一者に帰還するという一元論を説く。世界におけるあらゆるものは、形相を分有する限り存在し、形相がすべての根源である。形相とは、アリストテレスによれば、物の存在たらしめる性質のことであり、実体的な素材である質料とは別の物であるが、物の存在には、この形相は質料に内在されると考えられた。そしてすべての形相の根源は一者（ト・ヘン）である。万物は無限の存在である一者から流出した物であるとして、一者を神と同一視した。この形相は善なるものであるが故に、おおよそ存在するものは善なるものであって、悪なるものは存在しない。従って悪とは存在の欠如、すなわち形相の欠如に他ならない。このようにプロティノスは、形相が存在の根源であり、形相なきものは非存在であり、形相は善なるものであるが故に、悪は非存在であると主張したのである。

これは善悪の二元論の克服をギリシャ哲学から試みるものである。しかし、形相そのものは善であるが、形相を分有する側、すなわち質料の側に悪があると主張される場合には、形相は善、質料は悪という新たな二元論に陥らざるをえないという問題が生ずる。プロティノスの主張が曖昧なのは、彼にとって本来的な悪は、この現実の世界に実在するものではなく、世界の内に悪を見い出す人間の魂そのものにあるとした点にある。すなわち、この世界全体を知らずに、一部を全体と思い、悪の存在に嘆く人間の無知そのものに問題があるとしたのである。もし人が世界を一つのものとして知ることができたなら、無知は解消され、この世における悪は常に非存在であることを悟ると、プロティノスは主張している。この立場は、全世界がそこから流出（エマナティィオ）によって生じたところの、存在における最高存在、すなわち一者（ト・ヘン）の立場において一切を見るものである。従って、プロティノスの「悪は非存在」という命題は、人間に対して一者との合一を要請する命題でもあった。一者との合一は、自己が一者になるという悟りであり、善にして最高存在たる一者においては、悪は消滅するということが、プロティノスにおける「悪は存在しない」という命題であったと思われる。

②アウグスティヌス

私たちは、アウグスティヌスほど悪の問題を正面から受け取り、そして悪と激しく格闘した人を他に知らない。彼の生涯は悪の問題との悪戦苦闘の内に費やされ、その闘いを通して彼の思想が深められていったことを知ることができる。マニ教への入信も、そしてマニ教からプロティノスの新プラトン主義を契機とするキリスト教への改宗も、いずれもこの悪の問題を介してであったと思われる。

「私は、わずかに持っていた敬虔の念から、善なる神が何か悪い本性のものを創造したなどということは、どうしても信ずる気にはなれませんでしたから、二つのものの固まりがあってお互いに対立し、どちらも無限であるが、悪い固まりの方が狭く、善い固まりの方が広いのだと考えていました」と『告白』の中で述べている。このことによってアウグスティヌスは、光の国と闇の国の対立のうちに善と悪の問題を解明しようとしたマニ教へ接近したという動機が窺われる。

しかし、アウグスティヌスは母モニカの敬虔なる信仰により、幼少の頃よりキリスト者として、世界が神によって創造されたことを聞き知っていたに違いない。しかし、現実の悪に直面し、「もし世界が善なる神、万能なる神によって創造されたのであるならば、なぜこの世に悪が存在するのか」という疑問が生じた。もし善なる神が悪をも創造したのであるならば、神の善性は全く欠如してしまう。また、もし善なる神が善のみを創り給うたならば、この世の悪の創造者を神以外に措定しなければならない。その場合には、善なる神の一面は真理として受け取れようが、神の力が悪にまで及ばないという理由から、神の絶対性、万能性が否定されることになる。このように、この世に悪の存在を認める限り、神の善性と神の絶対性との両者を保つことが不可能となり、一方を立てる為には一方を切り棄てなければならないという問題が生じたのである。そこで世界に存在する悪の問題に対する苦悩と、神の善性を信ずるキリスト者としての確信との葛藤の中で、善と悪との二元論を主張するマニ教を受容するということは、むしろ必然的であったと思われる。

しかしこのマニ教の教説は、「悪とは何か」の問題に対しては、明快な答えを与えたが、「悪からいかにして救済されるか」という具体的な面での解答を持っていなかったことから、彼はマニ教に留まることができなかった。そして彼は、プロティノスの「悪は存在しない」という命題によって、マニ教からキリスト教への改宗に至る。しかし、この「悪は存在しない」という命題は、プロティノスにおいては悪の非存在を形相の欠如とされたが、アウグスティヌスにおいては、文字通りの非存在、すなわち無として受け取られるのである。このことは、一見思弁的であるが、キリスト教的神の善性、そして世界創造に対する確固たる信仰によって、裏付けされていることを窺い知ることができる。

「悪は存在しない」というこのアウグスティヌスの命題は、神によって創造された世界には、悪なるものは善なる神によっては絶対に創造されることがないが故に、被造物のこの世界には、いかなる悪も存在しえないという意味に理解されるのである。「あなたにとって、悪などというものは全く存在しません。あなたにとって存在しないばかりではなく、全被造物にとっても存在しない。なぜならこの被造物の外部にあって、あなたが被造物に定め給う秩序の中に押し込んで来て、それを破壊するようなものは何もないからです」と『告白』の中で述べている。

それではアウグスティヌスは、悪の根源を何処に見たのであろうか。彼はもしこの世に悪が存在するならば、それは人間の魂の内にある、とりわけ人間の意志の内にあると主張する。すなわち、本来的な悪はこの世に存在しないが、神の意志に背く人間の邪悪な意思の内にこそ、悪は存在すると説くのである。従って、悪の根源はアウグスティヌス個人を越えた全人類の意志にまで及ばなければならないものである。それ故、悪からの救済は人間によるものではなく、神の救済の恵み、すなわちキリストの贖いのみが悪からの救済であることを認識し、そこに彼自らの意志を神に向け直す、いわゆる回心が生じたと思われる。

③ルター

宗教改革者ルターにとって、この神義論の問題は最も直截な形で述べられている。すなわちプロティノスやアウグスティヌスは、神は善なるが故に、この世の悪は非存在であり、善なる神は悪という不義の創造者ではないと主張して神を弁護しようとしたのに対し、ルターは、神をこの世の悪から正当化し義化しようとするいかなる神義論の試みも不可能な企てだと断言する。なぜならば、神が義であることの証明を人間が試みようとするならば、それは人間が神と相並びうる者とならなければ不可能であろう。創られた者が創った者の義を証明するなどということがいったいありうるのかと、ルターは問う。救いの恩寵を強調したルターにとって、神の義を証明すること自体、正に逆転した試みであると思われたのは当然であろう。問題なのは、我々人間が神を義化することではなく、神によって人間が義とされることこそ、重要ではないか、とルターは主張する。

ルターは『奴隷的意志』の中で次のように述べている。「神が私たちには不正と思われる場合にも、神の知恵に何ほどかを委ねなければならないのである。なぜなら、神の義が人間の頭脳によって義だと判断されるようなものであるなら、そんなものは確かに神の義ではなく、人間の義と何ら異なるものではないからである。しかし、神は真実にして唯一であり給う故に、そしてまた、神の全体は窮め難く、人間の理性をもっては近づき難い故に、神の義も窮め難いということは当然である。否、必然である。パウロもまた、『ああ深きかな、神の知恵と知識と富とは。その審きは窮め難く、その道は測り難い』（ローマ書11・33）と言って嘆声を発したのである。もし私たちが、何故にそれらが義であるかをあらゆる点から知り得るのなら、それは窮め難いなどとは言われえないであろう。」

ルターにとって、人間が神を正当化しようなどと考えることは、それは人間が神と等しくあることを、また神のもとにあるものではなく、神と並んであること、否、全く神と等しくあること、完全なものであることを欲し、またそう信じているのに他ならないとして、厳しく断罪するのである。創られたる者が、創り給うたお方と並び立つなどということがありうるのだろうか、と主張する。

そしてこのことは必然的に、この世界に現実的に存在する悪の問題に対して、自然の光（理性）によって判断することを差し控えるという、徹底して人間の側における不可知論を展開する。確かに、自然の光によってでは、善人がこの世で悩み、悪人が栄えるということは解き明かし難き問題である。そして我々人間の悲しい性は、そのことを常に「不義なる神」という概念によって解明しようとする。

しかし、自然の光によってではなく、思寵の光によってこそ、明らかにされるべきである。なぜなら、あらゆる時代を通じて論議されながらも、決して解決されたことのないこの問題は、現在の生は未来の生の先駆、否、開始以外の何ものでもないという福音の光によってのみ解決されるからである。

このことを備え給う神の御心は、我々人間の理性によって明らかにされるものではない。ただ神によって義とされた人間の信仰しか、そのことを知りえない。ルターは、この神義論の問題を、理性の向こう見ずを制して、神によって与えられた信仰によって理解しようとしたのである。

④ライプニッツ

ライプニッツの『形而上学叙説』は、単なる自己の哲学体系を表明する意図を持つに留らず、世界における激しい闘争や対立という様々な現実を調停する目的を持ち、とりわけプロテスタントとカトリックの教会の再統一を可能にする普遍的・合理的神学に基礎を与えようとするものであると同時に、近世哲学史において、神義論の問題を最も整備した形で展開しているものである。

ライプニッツは、この世界に諸々の悪が存在することを受け止めた上で、上述の著書の中で次のように主張する。「神の行いは究極的な完全性に到達していないから、あるいは神は今よりもっと善い仕事をすることができたのではないか、などと向こうみずな主張をする当代の学者たちの意見も、私は受け入れることができない。というのも、このような意見から出て来る帰結は、神の栄光に全く反すると思われるからである。『悪が少なければ少ないだけ善という意味を持つように、善が少なければ少ないほど悪という意味を持つようになる。』そこでやればできるのにあまり完全に仕事をしないのは、不完全な仕事をするということになる。……聖書が我々に神の作品は善であるという保証を与えているのに、そのようなことを口にするのはやはり聖書に反することになる。」

このように、ライプニッツは神の絶対性、善性と悪の存在という矛盾を、善と悪の相対性によって解明しようとする。すなわち、この世界の現実的な悪は、ただ単に善を引き立てるために存在しているに過ぎないのであると。

さらに、このような悪の存在を神が許していることについて、次のように説明している。「行為がそれ自身では悪いものであって、たまたま善くなることがあるというにすぎない場合、言い替えれば、事の成り行き、特に懲罰と贖罪とによってその善悪を糺し、悪を十二分に償う結果、ついには悪が全く起こらなかったとするよりも、過程全体においてはかえって多くの完全性が見い出される場合には、神は悪を許すというべきである。とはいえ、神が自然法則を定めたために、また悪からより大きな善を引き出すことができるという理由で、悪に協力することになるからと言って、神が悪を欲すると言ってはならない。」

確かにライプニッツにおいては、罪や悪が言わば神の選択のうちに含まれることにはなるが、それは罪や悪を認めることが善をいっそう大きくするために適当であると、神は看做しているに他ならないと主張するのである。

さて、このようなライプニッツの主張に対しては次のような批判をすることが許されるであろう。すなわち、悪を善に対する相対性において捉え、それ故現実的な悪そのものを何か観念的なものに解消してしまう主張は、悪を非存在とした教父たちと同じことになるのではないのか。さらに、このような神に悪の原因を帰さないとする神義論の企てが、ルターの言うように、人間にとっては本来不可能であることの認識のない点こそ問題となるのではないか。それはやはり哲学者の求める神であって、信仰者の求める神と根本的に異なるのではないだろうか。それ故、悪の問題を神による救済の問題として捉えたアウグスティヌスやルターと異なって、キリストによる救済がライプニッツにおいては、根本的な問題になっていないことの理由ではないかと思われる。

2　ベルジャーエフとバルトの神義論

(1)　ベルジャーエフ

ベルジャーエフの宗教哲学における主要概念は、無底（Ungrund）、神秘主義、及び神人主義（テオアンドリズム）であろうと思われる。彼の哲学の中には、これ以外にも特徴ある思想、例えば、マルキシズムのキリスト教的解釈、実在主義に根差した独特な人格主義、主観―客観の問題の克服を図る客体化の概念、また預言者的洞察に基づく文明批評等々を見る事ができる。

しかし、神義論について述べようとする時、上述の三概念が彼を理解する上で、適切と考えられる。

さてこの三概念、すなわち、無底（Ungrund）、神秘主義、神人主義（テオアンドリズム）は、彼の哲学の構造の中で、個々別々に存在しているわけではない。むしろこの三概念は緊密に結びついて、彼の哲学の内的統一を保っている。ここでは、この三概念が彼の内にどのような統一を保ち、またそこに必然的に示している彼のキリスト教理解がどのようなものであるかを把握し、神義論に対する彼の思考の方向性の理解に努めたいと思う。

だが、これらの諸概念自体、我々のプロテスタント的正統主義、またキリスト教理解から、遠くにあるものと思われるが、これらが彼の信仰の基礎である限り、我々は先ず彼の主張に耳を傾けたい。

「無底」は中世ドイツの神秘主義者ヤコブ・ベーメによって捉えられた概念であるが、ベルジャーエフは、この概念を自己の哲学の中核に捉えている。但し、ベーメにおける無底は神の内に、すなわち三位一体の神の生命の内部にある神秘的原理であったが、ベルジャーエフにおいては、それを神の外に置いている。それ故、彼は無底を「創造されざる自由」と呼ぶのである。創造に関する彼の教説は「精神と現実」の次の文章によって明らかにされる。

「1、三位一体の神は永遠の中に具現するが、その時神は、神の無から、神性の中から、無底から外へ歩み出るのである。2、三位一体の神は、この世界を創造する」と。このようにべルジャーエフは、創造における二つの過程を主張し、さらに、被造物である人間も、単に神の子としてだけあるのではなく、自由、すなわち無底の子でもあるとされる。それ故に自由から生ずる諸々の悪に対して、神自らが責任を負うことはないという弁神論を展開するのである。

しかしベルジャーエフは、この無底を措定することによって、キリスト教的三位一体の神は絶対者ではなく、この世界を統治せず、実際一警官よりも権力を持たないと主張する。それ故、キリスト教の神は人間に対し、神自身ですら支配できない領域（無底）によって与えられた自由をもって、神の創造への参加――自由による創造的応答という大胆な冒険――を要求する。まさに無底はベルジャーエフにとって弁神論の基礎であると同時に、弁人論、すなわち人間独自の実存的主体性と解釈されるものとなったのである。

そして最初からある無底によって生じた人間の自由は、それ故、客体化できないと同時に、神御自身を客体化して捉えることが否定される。曰く「神は自由そのもの実在そのもの」であると。ここに肯定神学に対する否定神学からの「否」が存在するわけである。

だが、ここで問わなければならないのは、徹底して真理の客体化を否認するベルジャーエフにおいて、信仰がどのような形態で捉えられていたかということである。彼においては、神秘主義が単に哲学上のみならず信仰上でも大きな問題となっていた。ベルジャーエフ自身、神秘主義と神学とは絶えず衝突しあい、また相通ずる所のないものであることを認めつつも、「霊性の内在」の協調により、超越者との直接交渉が可能であるとして、神秘主義を擁護しようとする。そしてこの結果生ずることは、彼自身意図しなかったにも拘らず、通常プロテスタント的正統主義で言われるところの「歴史的に唯一回限り現われたイエス・キリストにおける啓示と御業」への軽視である。ベルジャーエフ自身、御子キリストが善悪を生じさせる無底へ自らを投げ込むことによって、それを克服し給うという一種のグノーシス的解釈ではあるが、キリストによる救いの御業を否定しているわけではない。しかし神との直接交渉を志向するベルジャーエフにあっては、伝統的神学に位置づけられる歴史に現われたイエス・キリストの重要視から、逸脱したことは否めない。

さらにこのようなキリスト教理解の背景にあるのが、神人主義（テオアンドリズム）である。ソロヴィヨフが「神人論（テオアンドリー）」において、神と人間の隔絶性という考えの拒否を行ったように、ベルジャーエフもこのソロヴィヨフを継承しつつ、「神人論（テオアンドリー）」の命題はキリスト教の根本命題であるとしている。ソロヴィヨフが重んじた神人論なる表現に対し、私は個人的に神人主義（テオアンドリズム）なる表現を選び、「キリスト教は事実人間中心である」と「神と人間の実存的弁証法」の中で述べている。

この神人主義において、ベルジャーエフは神における人間性と同時に、人間における神性の融合こそ、キリスト教の三位一体論の秘義で、むしろ人間における神性（霊的要素）によって、人間は創造性を持ち、一方的に神の救済を待つのではなく、人間自らが救済の業をなすことができるという、極めて人間肯定的な面をのぞかせている。この点においてベルジャーエフは、人間の「被造物性」を自ら克服すると主張している。

　さて、無底によって神が絶対者ではないこと、神秘主義によって歴史に介入し給う神の業を軽視すること、さらに神人主義によって人間存在の高挙（人間自身が神の高みに昇ること）が強調されていること、以上が三概念の内的関連において捉えられる事柄である。特に人間の自由を徹底的に強調し、実存的主体性を説くベルジャーエフは、紛れもなく実存主義者であろうが、神義論に関する彼の教説を、ここで少し聞いてみよう。

　ベルジャーエフの宗教哲学の意図は弁神論にあり、神とこの世の悪をどう理解するか、この問題が彼の若き頃よりの主要な関心であった。「私の宗教的関心の中心に立っていたものは常に弁神論の問題であった。……弁神論の問題は私にとってとりわけ自由の問題――私の哲学思惟の根底的思想の問題であった。創造されざる自由の実存を承認することは、私には欠くべからざることのように思われた」と『わが生涯』の中に記されている。なぜなら、この世の悪を絶対者である神に帰することは、キリスト教の内部矛盾となるからである。古来、悪の問題を弁神論と一致させる試みの一つは、悪は部分的存在であるが、全体をしては善のみがあるという教説である。これらはライプニッツを始め多くの弁神論者の見解であった。なぜなら、神は悪を善のために役立てると考えたからである。しかしこのような教説は、「人格の絶対価値の否定に基づいているのであり、キリスト教道徳よりむしろ古代道徳に一致するのである」とベルジャーエフは言う。

従って悪の原因を神に帰せしめないためには、悪をもなしうる人間の創造的自由を、さらにその根拠たる神以外の原理、すなわち無底を是認しなければならなかった。無底はベルジャーエフにおいては、弁神論の基礎であると同時に、人間の創造的自由の根拠でもあった。

（２）バルト

バルトにおける神義論の教説は、「神と虚無的なるもの」（Gott und Das Nichtige）」（『教会教義学』Ⅲ／3、327―425頁）で展開されている。しかしながら、バルトにおける神義論の問題は、神による創造の業がいったい何であるのかという創造論と、さらに被造物が神の恵みによって選ばれているという選びの教説とが前提となっている。従ってここでは「創造の業」（『教会教義学』Ⅲ／1、1―176頁）と、「神の摂理」（『教会教義学』Ⅲ／3、1―326頁）、及び「神の恩寵の選び」（『教会教義学』Ⅱ／2、1―563頁）を引用しつつ、バルトにおける神義論の問題を探ってみたいと思う。

ここではバルトにおける神義論の特徴、特に「虚無的なるもの」（Das Nichtige）の概念を中心に述べてみたい。

キリスト教的思考においては、次のような根本命題が確立されている。すなわち、①神はあらゆる存在物の創始者であるが、悪の創始者ではない。しかし、悪は現実的な存在であって、仮象若しくは非存在としてあるものではない。②悪は神の欲し給わないものであるが故に、悪自身何らかの意味ある存在ではない。神はそのような悪に勝ち給い、悪も処分してしまってい給う。③人間が悪を選ぶことはその本質から可能にさせられている。しかし、悪は神によって予め準備されたものでないが故に、悪の選びは人間自身の責任であって、神に帰されるものではない。

以上のようなキリスト教における神義論の根本命題に対するバルトの特徴ある主張は、次の通りであると思われる。

① 悪を虚無的なるものと呼ぶことによって、悪が存在しないことを意味するのではなく、悪がもはや捨てられたもの、また、人が敬意を払う必要のない敗北者であることを意味する。なぜなら、「創造者である神の業は、特に被造物の限界内で神によって実現されたものとして存在することができ、神によって義認されたものとして善でありうるという祝福に存ずる。」

創造の業が祝福であること、さらにその内実は、第一に被造物が神によって実在化され、第二に義認されるという神の「然り」であることをバルトは主張する。従って、神によって祝福されないもの、実在化が許されず、義認もされないもの、すなわち、神の「否」において存在するものは、当然真の実在を持たないものと言われなければならない。バルトにおいては二元論とか、二つの実在性が衝突するようないかなる原理も存在しえない。「神以外では、ただ神の被造物のみが真に実在的である。神の創造、それ故神以外に真に実在するものは、必然的且つ完全に、神の嘉みする対象であり、従って恵みの対象である。しかし神によって創造されなかったもの、従って真に実在しないものは、必然的且つ完全に、神の激怒と審きの対象でならなければならない。」

このようにバルトは創造が神の善き業であるが故に、悪は通常実在するものと異なったあり方で存在すること、すなわち虚無的なるもの（Das Nichtige）であると主張するのである。もちろん、創造が善き御業すなわち祝福であることは、イエス・キリストにおいて確信すべき認識であることを前提としている。

②　バルトは悪を被造物の「暗黒面」とはっきり区別し、この暗黒面と虚無的なるものを同一視することが、むしろ虚無的なるものを勝利へと導くことになると警告する。被造物における暗黒面や蔭の面は、意味あるものであり、神の善き創造、すなわち神の救済史の中に組み入れられ、神の支配する領域にあるが故に、創造の業を傷つけ、凌駕するようなものではない。むしろそれらは神の救済史の中で、意味あるもの、善きものへと変えられるべきものである。

しかし虚無的なるものは、神によって打ち捨てられ、被造物がもはや敬意を払う必要のないものであるが、それは神に属するものではなく、もちろんそれ故、被造物に属するものではない。バルトは次のように言う。「神がすべての主でいまし給うという単純な認識の繰り返しとか確証とかは、もちろん問題であるが、ここで考えねばならないことは、創造者と被造物の間に、もっと厳密に言えば、創造者の主権の下における被造物の領域の中で、一つの働くものが登場するということである。この働くものは、創造者からも被造物からも説明されず、創造者の行為としても、被造物の生活形態としても説明されない。しかし同時に見過されずに規定することもできず、その本質を考慮に入れなければならないようなものである。

しかしまたこの第三に働くもの、すなわち虚無的なるものを被造物の暗黒面や蔭の面（夜、不幸、犯行、死等）と混同することは、本質的に誤りであることをバルトは主張する。むしろ、虚無的なるものをそのようなものと混同すること自体、虚無的なるものの勝利なのである。なぜなら神が敗北させたもう虚無的なるものが敗北でないと主張することによって、神が創造と救済における勝利者でないことになるからである。「虚無的なるものを存在しているもの、つまり現存しているものとして、従って被造物にとっては、本質的に必然的な規定として理解したり、さらに神御自身の根源的・創造的存在の本質規定として理解したりするような見解や教説は、すべてキリスト教的には受け入れ難いものである。これらの見解や教説は、二つの理由から容認し難い。すなわち、一つはそれが被造物、また実に創造的そのものを誹謗しているからであり、もう一つは、それが秩序に叶わなかった「……でない」と虚無的なるものとの間を取り違えることによって、虚無的なるものを無害なものにしてしまうという致命的な誤りを犯しているからである」と言う。

③　悪がどれほど重大で現実的な問題であろうとも、神の勝利、すなわちイエス・キリストの勝利という神の恵みによって、人間自身がそれに立ち向かうことに「否」が宣せられている。

なぜならば、「キリスト教的信仰の認識と告白においては、言い替えればイエス・キリストへの復活への回顧と彼の再臨への展望においては、ただ一つの答えしか与えられていない。すなわち、虚無的なるものとは古いもの、つまり古い権威・危機の破滅・神の創造を暗くし、また荒らすような古い非存在（Unwesen）、イエス・キリストにおいて過ぎ去ったものであり、それに対してはイエス・キリストの死において既に当然の代価が支払われているのである。というのは、神の積極的な意思はそれ自体、彼の非意志の終りでもあるのだから、この神の積極的な意思の目標においては、虚無的なるものは既に無に帰せられているということである。イエスが勝利者であることによって戦場から追い出され、片付けられてしまったもの、それが、虚無的なるものである」と明快に述べる。

バルトにおいては、このようにイエス・キリストの十字架と復活において成就し給う神の恵みを信ずる時、そこからは虚無的なるものに人間が立ち向かい、対決しようなどという試みは生じて来るはずがない。なぜならば、「真剣になるということは、キリスト教的には常にただ、イエス・キリストが勝利者であることについて真剣になるということだけを意味するのである。もしイエスが勝利者であるなら、最後に来る言葉は常にまた『虚無的なるものはいかなる永続性も持たない』という最初の言葉でもなければならない。」

イエス・キリストが勝利者であることのキリスト教的信仰告白への確信に基づいて、バルトは以上のように、悪の問題をもそれ自体神自らの事柄として引き受け給い、勝利し給うこと、それ故悪は被造物たる人間自らが克服すべきものでないことを主張したのである。

3　哲学的思惟と神学的思惟

神義論をめぐって、現代の哲学者と神学者を代表するベルジャーエフとバルトの考え方について見てきたが、ここでは両者の相違点について述べてみたいと思う。

ベルジャーエフ批判として、哲学的思惟の神学的思惟への越権や、聖書やイエス・キリストの啓示から出発せず、独自の哲学的探求の過程において捉えられた教説であると述べたが、それはベルジャーエフが神学的思惟を前提とせず、それを無規制に哲学的思惟と混同していると いう点にあると思える。

先ず初めに、啓示とは何かについて論を進めていきたい。ベルジャーエフにおける認識は、単なる対象の受容ではなく、もっと積極的な創造的活動とされていた。このことは認識対象が、神の啓示になっても変わることはない。「啓示が神の特別な行為の然らしめるところとして、自動的に人間によって受け入れられると私たちが考えているならば、私たちはそのような考えを棄てるべきである」と「真理と啓示」の中で述べている。神の啓示は一方的に、すなわち服従を強いる形で与えられるものではなく、人間の自由において、言い替えれば神と対等な立場で認識されるべきものであるという主張が背景にある。このことはベルジャーエフに限らず、宗教哲学の立場、すなわち神学より人間学的立場に立つ人たちに、殆ど共通とも思える主張である。武藤一雄は、「確かに神は、その深淵的性格においては、決して依存するものではないけれども、人間に対する自己啓示においては、人間が神の啓示を受け取る仕方に依存しているのである」と「神学と宗教哲学の間」で述べていて、神と人間との相互依存関係について語っている。それはちょうど、ベルジャーエフを始め多くの神秘主義者において、神と人間との関係は相関的なもので互いに持ちつ持たれつのものだ、という結論と同一である。このような見解は、バルト神学とは決定的に対立するベルジャーエフ自身、バルトの神の言の神学に対し、啓示認識における人間的優位性をあくまで貫こうとしている。

しかし、ここで問われるのは、人間の認識そのものが、神の啓示の前になお重大な問題として捉えられている、そのような実存のあり方である。それは、私という実存が神の恵みの対象として捉えられている信仰的実存ではなく、神とは何か、啓示とは何かという探求的主体者としての実存と規定されている。哲学的主体は、主観―客観の図式を克服すべく実存を前提とするが、結局は認識主体と啓示をその図式の内に置いて眺めているということである。テオリア的態度の内に、そして啓示と認識主体という永遠に続く二元論の中で、それ故、信仰者としてではなく、探求者として、あるいは学問的傍観者として問い続ける者の態度である。そこには、神を実存の主語とする信仰的態度ではなく、神をも実存の述語とする哲学的態度がある。そのような態度の根底にあるのは、イエス・キリストの啓示をあらゆる出発点とすることではなく、自己意識の確実性からすべてを、神すらも捉えようとするデカルト的、哲学的態度に他ならない。

バルトは『教会教義学』Ⅲ（創造論）の中で、デカルトとの対決において次のように述べている。デカルトは自己意識から引き出された「神観念」を直ちに我々の自己認識と世界認識の妥当性の証拠としたのである。もちろん、デカルトの言うことはある意味では正しい。なぜなら「我々が神を信じているからこそ……我々が存在することを信じ、我々が存在しないことを信じない。また我々のまわりにある世界が存在し、存在しないのではないということを信ずる」からである。しかしデカルトの基本的態度は、神の独自の自己証言から出発したことにあるのではなく、「我々自身の精神の証言」から出発したことである。それ故、正にその理由によって、我々が無の中にいるのではないことの確実性を、そこからは与えられないからである。むしろ逆に、創造者自身の自己証言が、被造物の存在と自己意識、世界意識を開示する。デカルトは創造者である神の啓示から出発することではなく、人間における神の観念から出発している。

バルトの言う神の啓示とは、今まで見てきたように、歴史に現われた三位一体の第二格にいまし給う主イエス・キリストの啓示である。イエス・キリストの啓示以外に何ものをも出発点としないバルトの態度は、そこから自然神学や神秘主義、及び近代合理主義に対する断固たる「否！（Nein!）」で臨んでいる。

私はここで、神学的思惟がイエス・キリストという特殊啓示にすべての出発点を持ち、あらゆる教説が勝利者イエス・キリスト、すなわち復活と再臨におけるイエス・キリストに基づいて、イエス・キリストに向けられて、イエス・キリストにおいて立てられていること、一方、哲学的思惟とは、その内容がいかに信仰的、聖書的事柄について述べられようとも、根本的に人間の自己意識、世界意識に基づけられ、出発点となっていること、と規定しようと思う。それはまた、神への服従という行為において、神に規定されたる者の思惟と、無規定に自らが一切の主体者である者の思惟ということである。従って、創造者と被造物との関係で言えば、被造物が神の前に低くあることこそが被造物の高挙であり、それ故被造物であることに対して「然り」を言うキリスト者としての思惟と、その関係を逆転して、「神が誰であり、いかなるものであるかを自ら決定しようとする、誤った自己信頼」（ローマ書新解）の上に立ち、生き給う絶対者である神の前で畏敬喪失にある者――それこそ神喪失の実態であるのだが――の無規定な思惟と断定される。

そしてこの二つの思惟が、互いの境界線を越え易いのは、我々の日常生活からも容易に窺うことができる。その際、常にその思惟が、イエス・キリストに基づいているかを問うことが、その越権を是正することになるだろう。

ではベルジャーエフはどうであったか。ベルジャーエフの神義論は、彼の哲学概念の中核をなすものであった。彼の客体化、否定神学、実存主義、神人主義、ケノーシス等々の概念は、神義論の一点で内的な関連性や統一性が理解されるからである。彼の哲学的自叙伝の中にも、若い時からの最大の関心は弁神論であったと記されている。

神が義なるものであるか否かが、彼の哲学的探求の出発点に置かれていたとするならば、バルトのデカルト批判で見たことを、ベルジャーエフについても認めなければならない。なぜなら、ベルジャーエフにおいては、あらゆる不合理性にも拘らず、神の摂理をイエス・キリストの啓示によって受け入れるという信仰より先に、この世の悪の存在からストレートに「神は絶対者ではない」という哲学的認識による合理的判断が存在していたからである。それはやはり、聖書におけるイエス・キリストの啓示を出発点にするのではなく、神についての観念から出発していると言わなくてはならない。しかもその結果として、信仰的、聖書的事柄への切り込みが、どんなに現実的な意味あいを持とうとも、それは神学的前提を無視した哲学的思惟の越権だと言われても仕方がない。

ベルジャーエフは苦難の中を生きた人であった。キエフの貴族の家に生まれ、革命前は帝政への批判によって時の政府から流刑に処せられ、新生共産主義政府からは大学教授として遇されるものの、キリスト教信仰に基づいて政府を批判することによって再び国外追放の憂き目を見る。どの時代の政権からも厭われ、迫害された。にもかかわらず、精神の貴族として、神を信ずる信仰の故に、苦難に耐えた哲学者であった。生きる時代の重荷と共に、彼自身の苦難の中で、神義論を求め続けたのである。

バルトは第二次大戦下、ナチスへの抵抗に生きた神学者である。彼もまた、時代の苦難の中を身をもって神義論を問い続けた人である。

二十世紀の知的巨人として多くの人々に強い影響を与えた二人であるが、神義論の結末は、極端に異なるものであった。そのことを私は深く思い入る。苦難の中を生きた二人の思想家が語る言葉は、今苦しんで生きる人々にどのように届くのかと。

最後にバルトの神学に対する規定を見て、この章を終わりたいと思う。

バルトが『教会教義学』Ⅲ（創造論）の中で、神学とは巡礼の学であり、「いつもただ違った方面から別々に、一つの対象に向かう思想や命題を辿るだけであって、決して一つの体系を立てたり、この対象を把んでしまったり、言わば『とじ込め』たりすることはできない。その限りにおいて、それは破られたる思想であり言葉である」と述べる時、被造物たる人間はただ神について破れたる思惟しか持ち合わせていないというバルトの深い謙虚さを窺い知ることができる。学問の名において、対象を完全に把握しようと欲することが、既に自ら被造物であることに対して「否」を言い続けることに他ならない。「破れた学」としての神学に、むしろ神学の本質が窺えるのではないかと思う。

エピローグ　苦悩の叫びへの神の応答

〈脳性マヒの少年〉

2年ほど前、川崎駅の周辺を歩く彼にばったり出会った。中学校卒業以来30年ぶりであろうか。50歳近くなった彼の頭は半分白くなりかけている。高齢の父親の身体を抱きかかえるようにして歩いていた。中学卒業後のことや現在のことを尋ねた。彼を支え続けた母親は亡くなり、父親との二人暮らしだが、何とかやっていると言う。前は両親が自分を支えてくれたけれど、今は自分が父親を支えている、順番だね、と話す彼の笑顔は、障害を抱えながらもどれだけ強く生きてきたかを示していた。母親は優しかったが、父親は厳しかったと中学時代に語っていたが、その父親の面倒を不自由な身体で見ている。

「こんな身体で生んでくれてありがとうよ」と怒鳴った彼は、すっかり尖ったものが消えて、穏やかな人間になっていた。親と手を取り合って生きてきた関係は、高齢の父親を支える彼が中心になっている。支えられる中学生が、支えて生きる人になっていた。

〈捨て子の少女〉

彼女は中学卒業後、服飾の専門学校に進んだ。家庭科の授業が好きだったことがそのような道を選ばせた。「生まれてこなければよかった」と怒鳴り、人に憎しみをむき出しにしていたあの表情はすっかり消えて、穏やかな少女となり、友達もできた。専門学校を卒業した後、お弁当屋さんに就職した。その頃には里親・里子の関係から養子縁組をして、父親、母親との新しい関係に入っていた。

その後、彼氏ができて結婚した。彼氏を紹介してくれたが、何か彼女に比べると真面目そうだが、少しひ弱な感じのする青年だった。彼女が主導権を取って幸せな家庭を築いていくのだと思った。

中学生の頃の彼女は、人を敵対する怒りを身体中からまき散らして生きていた。それは幸せな人生への妬みからくるものであった。その彼女に恋人ができるか、家庭が持てるかを心配したが、人を愛することができたのだ。憎む人生から愛する人生になった彼女は、かつての辛さを知っているだけに、本気で愛し続ける人生を生きるだろうと確信した。

〈ホームレス障害者〉

難聴と知的障害のあるホームレス障害者は、年老いてドヤに住むことになった。彼を知る人は彼がドヤにいることを好まず、朝、暗いうちから外に出て一日中公園に座っていたと語った。

彼には親しい友人がいなかったのだ。朝早くから夜遅くまで公園にじっと座っている彼の姿は、孤独そのものだった。家族も友人もいない独りぼっちの人生をずっと生きてきた彼の悲しみを思った。

彼は洗礼を受けると決意した時も、クリスマスの日に洗礼を受けて皆の前で挨拶をした時も、同じ言葉を繰り返し語った。「仲間にして下さい、仲間にして下さい」と。彼にとって教会の会員になることは、自分に仲間ができたことであり、仲間の一員として生きることであった。彼は神の家族の一員になったのだ。その後の彼の表情にはうれしさがあふれていた。人生の最後の二年間を教会の仲間と過ごした彼は、ようやく独りぼっちから解放されたのだ。そして現在はキリストのもとで、二度と孤独を味わうことのない、神の国でのいのちを味わっている。

〈アルコール依存症者〉

教会に来て25年、アルコール依存症から抜け出した彼は、「AA（アルコホリーリクス・アノニマス）」の会で、同じ病気で苦しむ人々のために生きることを決意した。会の仲間を励まし、断酒に成功するように導いた。自分にできたことができないはずがない、それが彼の信念だった。彼はいくつもの「AA」の会を主宰し、多くの人々を支え続けた。死の間際、彼が最期に語った言葉は、「牧師さん、ありがとう」であった。もう間に合わないかもしれない。その言葉を伝えて欲しいと看護師に繰り返し頼んだという。

牧師の背景には神がいる。神に向かって、「ありがとう」と言ってこの世を去ったのだ。「神は俺に何をしてくれたのだ」、「神は何も与えてくれなかった」と叫んだ彼の姿はどこにもない。何一つ持たずに神の国へ旅立った彼は、苦しい辛い人生を神への感謝で閉じたのだ。

葬儀が終わった後、彼の甥が教会を訪ねてきた。あの飲んだくれで人に迷惑しかかけなかった叔父が、最後には人のために生きたことを聞いて感動した。叔父さんの弟二人はやくざになり、自分もまた父親同様に極道の世界で生きている。だが、叔父さんを見習っていつか必ずこんな道から足を洗う、その時は教会を訪ねてくると約束していった。

神は苦悩の淵の叫びに豊かに応えたもう。

参考文献

アウグスティヌス『告白』（世界の名著）、中央公論社　1968
荒井献他『3・11以後とキリスト教』、ぷねうま舎　2013
石居正己『社会福祉と聖書』、リトン　2004
伊藤之雄他『低きに立つ神』、コイノニア社　2009
稲垣久和『公共福祉とキリスト教』、教文館　2012
岩崎武雄『哲学入門』、有信堂　1966
岩崎武雄『カントからヘーゲルへ』、東京大学出版会　1977
NCC障害者と教会問題委員会『みわざの現れるために』、新教出版社　1984
NCC障害者と教会問題委員会『障害者神学の確立をめざして』、新教出版社　1993
桂　寿一『近世主体主義の発展と限界』、東京大学出版会　1975
川端純四郎『3・11後を生きるキリスト教』、新教出版社　2013
グティエレス、G.『解放の神学』、岩波書店　2000
グリーン、J.『ルカ福音書の神学』、新教出版社　2012
熊沢義宣『キリスト教死生学論集』、教文館　2005

参考文献

ゴーガルテン、F.『キリスト教とは何か』、理想社　1970
ゴンザレス、J.『キリスト教史』、新教出版社　2010
島崎光正『神は見てよしとされた』、新教出版社　1991
シュミット、H.『われ弱き時に強し』、新教出版社　1982
ショーペンハウエル、A.『意志と表象としての世界　正編I』、白水社　1972
鈴木文治『学校は変わる』、青木書店　2001
鈴木文治『インクルージョンをめざす教育』、明石書店　2006
鈴木文治『ホームレス障害者』、日本評論社　2012
滝澤武人『イエスの現場』、世界思想社　2006
ディヴィス、S.『神は悪の問題に答えられるのか』、教文館　2009
中島義道『悪について』、岩波書店　2012
野呂芳男『実存論的神学』、創文社　1964
野呂芳男『実存論的神学と倫理』、創文社　1969
ニノミヤ、H.『社会福祉の神学』、日本キリスト教団出版局　1998
バッハ、U.他『神の家族』、新教出版社　1981
バニエ、J.『人間になる』、新教出版社　2005
バルト、K. Die Kirchlich Dogmatik II/1, EVZ-Verlag Zurich 1970

バルト、K. Die Kirchlich Dogmatik III/1, EVZ-Verlag Zurich, 1964
バルト、K. Die Kirchlich Dogmatik III/3, EVZ-Verlag Zurich, 1970
バルト、K.『ローマ書新解』、新教出版社 1962
樋口 進『自然の問題と聖典』、キリスト新聞社 2013
藤原新也『たとえ明日世界が滅びようとも』、東京書籍 2013
ブラック、C.『癒しの説教学』、教文館 2008
ベルジャーエフ、N.『精神と現実』、白水社 1966
ベルジャーエフ、N.『わが生涯』、白水社 1966
ベルジャーエフ、N.『神と人間の実存的弁証法』、白水社 1966
ベルジャーエフ、N.『霊の国とカイザルの国』、白水社 1966
ベルジャーエフ、N.『人間の運命』、白水社 1966
ベルジャーエフ、N.『孤独と愛と社会』、白水社 1968
ベルジャーエフ、N.『真理と啓示』、白水社 1974
保苅瑞穂『ヴォルテールの世紀』、岩波書店 2009
ボンヘッファー、D.『聖書研究』、新教出版社 1969
ミットラー、P.『インクルージョン教育への道』、東京大学出版会 2002年
宮田光雄『ホロコースト〈以後〉を生きる』、岩波書店 2009

参考文献

宮谷宣史『悪の意味　キリスト教の視点から』、新教出版社　2004
武藤一雄『神学と宗教哲学の間』、白水社　1974
山田　晶「アウグスティヌスにおける悪の問題」、『理想』469号、理想社　1972
ヨーナス、H.『アウシュビィッツ以後の神』、法政大学出版局　2009
ライプニッツ『形而上学叙説』(世界の名著)、中央公論社　1969
ルカーチ、G.『実存主義かマルクス主義か』、岩波書店　1968
ルター、M.『奴隷的意志』(世界の名著)、中央公論社　1969
ルター、M.『ローマ書講義』、同
レイン、R.『狂気の現象学　引き裂かれた自己』、せりか書房　1971
レイン、R.『レインわが半生』、岩波書店　1986
レーヴィット、K.『デカルトからニーチェまでの形而上学における神と人間の世界』、岩波書店　1974
レーヴィット、K.『知識、信仰、懐疑』、岩波書店　1968

あとがき

昨年のクリスマスイブ礼拝の「信徒の証」で、3日前のクリスマス礼拝で洗礼を受けた元ホームレスの男性は、次のように語った。「今まで何度も失敗を繰り返し、職も家族も家も失って、失意のあまり何度も死のうと思った。でも、桜本教会に来て、礼拝をして、みんなで食事をして仲間ができた。苦しいけれど、生きる希望が湧いてきた。みなさん、絶対に死なないでください。ここには希望があります」と。この人の過去に何があったのかは知らない。絶望の末に死の淵を彷徨い、教会にたどり着いた。そして約一年間の教会生活で、神の愛を知り、教会を居場所と決めたと、証で語る彼の清々しさ。

牧師の説教の最中に、感極まってのすすり泣きが響く。ブラジルの女性は日本語がそれほど分かるわけではない。だが、説教に胸を詰まらせる。静かな会堂に牧師の神の救いを語る声と、それを心で受け止める信徒の嗚咽が重なる。礼拝後、彼女は真っ先に牧師に駆け寄り、抱擁をする。牧師は静かに抱きしめる。神によって抱きしめられていることを、彼女は実感している。
全身に自傷行為で切り刻んだ痕跡を持つ女性は、礼拝前から聖書を開けて静かに読んでいる。説教する牧師の顔をまっすぐに見て、時折大きく頷く。私の隣りに座る自閉症の男性は、牧師の祈りが終わるやいなや、「アーメン」と祈りに大きく唱和する。説教を聞いていなければこうはならない。だが、二人とも文字は読めない。神の声を聞くとは、全身で聞き取ることであることを、私たちに教えている。

知的障害者が信仰を持てるのかと牧師たちは問う。信仰とは言葉で告白することだ、好きで教会に通うことと信仰は別のことだと。言葉のない人たちは、社会からも教会からものけ者にされている。だが、私は彼らこそ信仰の証人だと心底思う。重度の知的障害は生活上で様々な困難に直面する。しかし、誰かがそれを支えるばかりでなく、彼らが教会を支えている。ホームレスのおじさんたちが、「彼らから背中を叩かれ、笑顔を向けられると、元気になる」というように、彼らこそ教会の片隅ではなく、中心にいる人々なのだ。

桜本教会は、様々な重荷を持つ人々の群れから成り立っている。一様に深い悲しみや孤独を抱えている。その背景は知るよしもないが、教会を居場所として、ここで生きることを決心している人たちである。障害のある人は、親が家族旅行に誘っても、嫌だと拒否をする。教会へ行きたいというのだ。病院から礼拝に通う人は、病院の行事で礼拝を休むとの電話の最中に泣き出してしまう。ホームレスの人が地方の仕事からお土産持参で帰ってくる。我が家に帰る意識なのだ。クリスマスやイースターに一万円も献金をするホームレスがいる。僅かばかりの収入から神に差し出す献金の示すものは、教会が家族のいる家になっているからだ。分かち合うから家族なのだ。

桜本教会には、社会的な偏見・差別・排除の対象となっている人たちが集まっている。礼拝後の後片付けや掃除を大勢が進んで行い、その後の聖書の学びや讃美歌練習、韓国語講座等の集会にも参加する。一緒にいたいからだ。

キリスト教会は、その日本社会の受入当初から知識人の宗教であった。それは同時に富裕層の宗教として、貧しい人々の宗教ではなかった。教会は、今日的表現でいう「格差社会」の最上層に位置する人々の集うところとなっている。その結果、教会が社会に目を向けることはあっても、その活動は慈善活動であり、宣教の対象とはならなかった。貧しい人々、それは障害者やホームレス、外国人に代表されるが、この人たちを宣教の対象とは考えてこなかった。若干の例外はあるものの、あくまで慈善の対象として位置づけてきた。教会が枠を設けて彼らを受け入れない排除の論理が根底にある。自分たちは彼らとは違うから、一緒にはならないという意識がある。

教会の取り組むホームレスの支援活動で知らされるのは、彼らへの支援は生活支援であり、そこで炊き出しなどはしても、教会の礼拝に引き入れないという拒否感である。そもそも宣教の対象とは考えていない。それは社会活動である。教会とは何かという根幹が欠落している。

どんなに豊かであっても、また極貧の不幸の中でも、キリストによる救いに与らなければ、人生の意味はないことを伝えるのが教会の使命である。それが忘れ去られている。

日本の教会では苦しむ人びとを向かい入れ、宣教の対象にするという発想そのものがなかった。教会が衰退の一途をたどっていることの重要な要因である。

危機にある日本の教会へは、もっと門戸を開くこと、視野を大きく持って、内向きにならないようにと言われる。

私は、「インクルージョン」の視点から教会改革を考える。インクルージョンの言葉は、社会全体ではまだまだ認知度は低いが、共生社会の理念として国際的な潮流となっている。

私は障害児教育に長年携わり、インクルージョン思想に出会い、その実践に取り組んできた。それはインクルージョン（包み込み）ではなく、イクスクルージョン（排除）の実態を体験してきたからである。新設養護学校建設に対する地域住民の反対運動、教会のホームレス支援に対する地域の嫌がらせ、朝鮮人への露骨な差別・偏見。これらは直接・間接の当事者として関わり、差別や排除の悲しい実態を見てきた。

桜本教会は、このような差別や排除の中にある人々を受け入れ、共に生きる仲間として教会生活を送ることで、インクルーシブ社会の実現のひな形となりつつある。

日本のみならず、世界中において差別・偏見・排除が強くなってきている。そのような中で

あとがき

キリスト教が示すものは何か、それが本書を著す契機になっている。聖書に示されている初代教会の姿と現実の教会との落差は、何が原因なのか。聖書は排除・差別を肯定しているのか。他宗教や異教徒に対して、非寛容を徹底することだけを記しているのか。

私は、「非寛容と排除」が、現代社会の特徴としてあげられる中で、もう一度聖書に立ち返り、イエス・キリストが私たちに何を求めておられるのかを聞きたいと思う。

多くの苦しむ人びとの声を聞き続けた者として、神は彼らにどのように応えておられるのか、それも本書の内容となっている。

知識人の宗教から、生活者への宗教への脱皮が今こそ求められているのではないか。

言葉のない障害者のうちにある神への感謝を私は疑うことはない。彼らと神の国に召される日まで、神の言葉を聞きつつ教会生活を送りたいと思う。

鈴木文治

著　者
鈴木文治（すずき・ふみはる）
1948年長野県生まれ。中央大学法学部法律学科、立教大学文学部キリスト教学科卒業。川崎市立中学校教諭、神奈川県立第二教育センター、神奈川県教育委員会、県立平塚盲学校長、県立麻生養護学校長などを経て、田園調布学園大学教授。日本基督教団桜本教会伝道師。著書に『ホームレス障害者』、『閉め出さない学校』（日本評論社）、『学校は変わる』（青木書店）、『インクルージョンをめざす教育』、『排除する学校』（明石書店）など。

インクルーシブ神学への道
開かれた教会のために

2016年2月20日　第1版第1刷発行

著　者……鈴木文治

発行者……小林　望
発行所……株式会社新教出版社
〒162-0814 東京都新宿区新小川町 9-1
電話（代表）03 (3260) 6148
振替 00180-1-9991
印刷・製本……株式会社カショ

ISBN 978-4-400-32454-6　C1016